北大赛瑟—英杰华保险研究系列丛书

Beida CCISSR-Aviva Insurance Research Series

入世十年与中国保险业对外开放

——理论、评价与政策选择

One Decade in WTO and the Opening-up of China's Insurance Industry

——Theory, Evaluation and Policy Options

孙祁祥　郑　伟　等著

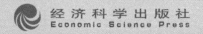

经济科学出版社

Economic Science Press

致　　谢
ACKNOWLEDGEMENT

本课题研究得到英杰华集团的大力支持，
在此致以衷心感谢！

This research project has received great support from Aviva, which we hereby gratefully acknowledge.

《入世十年与中国保险业对外开放
———理论、评价与政策选择》

课题组成员

课题主持人：孙祁祥　郑　伟
课题组成员：

孙祁祥

　　经济学博士，北京大学教授、博士生导师，北京大学经济学院院长，北京大学中国保险与社会保障研究中心（CCISSR）主任，中国保险学会副会长。

郑　伟

　　经济学博士，北京大学副教授，北京大学经济学院风险管理与保险学系主任，北京大学中国保险与社会保障研究中心（CCISSR）秘书长。

王国军

　　经济学博士，对外经济贸易大学教授、博士生导师，对外经济贸易大学保险学院院长助理，北京大学中国保险与社会保障研究中心（CCISSR）研究员。

刘新立

　　理学博士，北京大学副教授，北京大学经济学院风险管理与保险学系副主任，北京大学中国保险与社会保障研究中心（CCISSR）副秘书长。

锁凌燕

　　经济学博士，北京大学经济学院风险管理与保险学系讲师，北京大学中国保险与社会保障研究中心（CCISSR）主任助理。

雒庆举

　　经济学博士，首都经济贸易大学金融学院讲师，北京大学中国保险与社会保障研究中心（CCISSR）研究员。

何小伟

　　经济学博士，对外经济贸易大学保险学院讲师。

序

　　经过多年的不懈努力，我们初步探索了一条具有中国特色的保险业发展道路。对于什么是中国特色的保险业，我们形成了几点初步的认识：一是必须始终坚持以科学发展观统领保险业发展全局；二是必须始终坚持把服务最广大人民群众作为保险业发展的根本目的；三是必须始终坚持用发展的办法解决保险业前进中的问题；四是必须始终坚持把加强改善监管和防范化解风险作为保险业健康发展的根本保证；五是必须始终坚持把建设创新型行业作为保险业发展的必由之路；六是必须始终坚持把政府推动和政策支持作为保险业发展的重要动力。

　　当前保险业发展的总体形势很好。从宏观形势看，发展的外部条件十分有利；从行业自身看，我们具备了又好又快发展的基础；从政策环境看，政策支持力度不断加大。国务院领导同志十分重视和关心保险业发展，多次对保险工作作出重要指示。温家宝总理指出，保险是一个重要的行业，保险业发展有利于稳定人们未来预期，从而促进消费，扩大内需，这是关系全局的一件事。《国务院关于保险业改革发展的若干意见》发布后，保险业在国家经济社会整体布局中的定位更加清晰，即保险具有经济补偿、资金融通和社会管理功能，是市场经济条件下风险管理的基本手段，是金融体系和社会保障体系的重要组成部分，在社会主义和谐社会建设中具有重要作用。很多地方政府和行业主管部门把保险业纳入自身发展规划统筹考虑，社会各界对商业保险在现代经济社会中重要作用的认识逐步提高，保险业发展的社会环境逐步改善。

　　保险业改革发展的成绩得到了社会各界的普遍认可。但是，发展的形势越好，我们越是要保持清醒的头脑。我们要以对事业高度负责的态度，居安思危，未雨绸缪，认真发现和解决保险业前进道路中的苗头性问题，不断提高保险业贯彻落实科学发展观的能力。当前，我国保险业发展仍面临一些差距和挑战：一是与国际保险业相比还有较大差距；二是保险公司的竞争能力与国外先进保险企业相比还有较大差距；三是与经济社会发展的要求相比还有较大差距。此外，随着金融综合经营的逐步发展，以及不同金融行业之间产品替代性的不断增强，保险业还面临着来自其他金融行业竞争的压力。由于我国保险业仍然处在发展的初级阶段，保险市场、保险经营者、保险监管机构和保险消费者都还不成熟，因此存在这样那样的问题并不可怕，关键是要对问题的本质和成因有清楚的认识，并在保险业发展实践中切实加以解决。

总体来看，保险业加快发展的机遇与挑战并存。我们必须从经济社会发展全局和保险业长远发展的战略高度，充分认识抢抓机遇、加快发展的重要性和紧迫性。

保险理论研究是保险工作中一个很重要的方面，对推动保险业改革发展实践具有十分重要的作用。坚持以反映时代特征和实践要求的科学理论指导实践，并根据实践的新鲜经验不断推进理论创新，是推进保险事业发展的有力保证。当前保险业改革发展取得了一些显著成绩，但同时也存在不少的突出矛盾和难点问题。要回答和解决好这些问题，就必须进一步加强保险理论研究，通过不断地从实践到理论、从理论到实践、再从实践到理论，为解决好当前的难点问题提供科学的理论指导，促进保险业加快发展。

北京大学作为国内一流的高等学府，是我国学术研究和理论创新的重要基地。北京大学中国保险与社会保障研究中心（CCISSR）自 2003 年成立以来，秉承北京大学"爱国、进步、民主、科学"的校训精神，以搭建政产学交流沟通平台、推进理论研究和知识创新为宗旨，为我国保险业发展做出了积极的贡献。此次推出"北大赛瑟－英杰华保险研究系列丛书"，每年选取一个中国保险业发展面临的重大、难点或焦点问题进行深入系统的研究，并将研究成果出版发行，这是我国保险理论研究领域一件非常有意义的事情。我借此机会，向该系列丛书的出版表示衷心祝贺，并预祝我国保险学术界在未来有更加丰富的优秀研究成果不断面世，为我国保险业的发展起到更大的推动作用！

贺辞

　　值此"北大赛瑟－英杰华保险研究系列丛书"出版之际，我要向本系列研究的承担者北京大学中国保险与社会保障研究中心致以诚挚的祝贺，祝贺他们经过艰辛的努力取得了丰硕的研究成果！

　　经验告诉我们，学术研究在推动产业的健康发展方面具有十分重要的价值。英杰华集团希望通过支持这一系列研究，来促进中国保险业更加专业化和良性的发展。

　　英杰华集团是世界第五大、英国第一大保险集团。凭借300多年的专业经验，我们正通过合资企业中英人寿致力于在中国的发展。中国业务的增长也使我们意识到要为中国在保险行业的发展以及未来的领先地位贡献绵薄之力。

　　中国是全球未来几十年最具活力的经济体之一，经济的增长预示着中国保险业发展的光明前景。"北大赛瑟－英杰华保险研究系列丛书"的应时推出在这一发展中具有里程碑式的意义。

　　再次祝贺北大中国保险与社会保障研究中心出版该系列丛书。英杰华集团以能够分享这一成功为傲。

Sharman 勋爵
英杰华集团主席

CONGRATULATION

I would like to express my sincere congratulations to the China Center for Insurance and Social Security Research (CCISSR) of Peking University, on the publication of "Beida CCISSR-Aviva Insurance Research Series" . The success of this Series is a result of the tremendous efforts by Beida's CCISSR research team.

Our past experiences tell us that academic research is extremely valuable in steering the right course of development for any growing industry. Indeed, in supporting this Research Series, Aviva wants to encourage the professional and prudent development of a Chinese insurance industry.

Aviva is the world's 5th largest insurance group and the largest in the United Kingdom. Building upon 300 years' of expertise and experience, Aviva is firmly committed to our life insurance business through our China joint venture Aviva-COFCO. As we grow our business, we are also mindful of our commitment to China's development and future leadership in the insurance industry.

The Chinese economy will present one of the world's most exciting growth opportunities in the decades to come. This growth augurs well for the development prospects for the Chinese insurance industry and we see the "Beida CCISSR-Aviva Insurance Research Series" as a major milestone in this development.

Once again, congratulations to the Beida's CCISSR research team on the publication of this series. Aviva is very proud to be associated with this success.

Lord Sharman
Chairman, Aviva plc

前言

本书是北京大学中国保险与社会保障研究中心（CCISSR）承担的英杰华（Aviva）集团支持研究课题《入世十年与中国保险业对外开放——理论、评价与政策选择》的最终成果，也是"北大赛瑟－英杰华保险研究系列丛书"的第五本专著。

2001 年 12 月 11 日，中国正式成为世贸组织成员。入世十年，中国对外开放迈上新台阶，综合国力大幅提升，国际地位和影响力显著提高。保险业作为中国入世谈判的焦点和入世后对外开放的排头兵，在中国整个对外开放战略布局中一直居于重要地位。在这样的背景下，在中国入世十周年之际，回顾、审视并展望中国保险业的对外开放，我认为具有十分重要的理论和现实意义。

本课题从 2010 年 6 月启动，历时一年多完成。课题由我和北京大学经济学院的郑伟副教授共同主持，课题组成员包括我本人及北京大学郑伟副教授、刘新立副教授、锁凌燕讲师；对外经济贸易大学王国军教授、何小伟讲师；首都经济贸易大学雒庆举讲师。郑伟博士在课题的总体设计、组织协调、课题出版等方面做了大量工作。我要感谢课题组全体成员对本课题的辛苦付出。

在本书出版之际，我要再一次特别感谢中国保监会主席吴定富先生 2007 年为"北大赛瑟－英杰华保险研究系列丛书"作序，感谢英杰华集团主席 Sharman 勋爵为本系列丛书出版发来贺辞。

本课题是在英杰华集团的大力支持下完成的。我要借此机会特别感谢英杰华集团亚太区董事总裁 Simon Machell 先生、中英人寿保险有限公司总裁张文伟先生、中英人寿助理总裁马旭先生对本课题研究和本书出版的大力支持。

在课题研究过程中，课题组曾于 2010 年 9 月赴中英人寿保险公司调研，与中英人寿副总裁俞宁先生和他的同事进行座谈。2010 年 10 月赴韩国现代财产保险公司调研，与现代产险副总裁金弘根先生和他的同事进行座谈。在课题写作过程中，我们还分别与中国保监会国际部刘智夫处长、德国慕尼黑再保险北京分公司总经理常青先生、台湾国泰人寿资深副总王健源先生以及他们的同事进行了座谈讨论。此外，瑞士再保险北京分公司总经理陆勤先生对我们的调研问题做了邮件回复。这些实地调研和座谈讨论对我们的课题研究起到了重要的推动作用。

　　本课题研究还得到了北京大学中国保险与社会保障研究中心以及北京大学经济学院风险管理与保险学系有关师生的有力支持。在此一并致谢。

　　最后，我还要感谢经济科学出版社，感谢齐伟娜编辑和她的同事，他们细致高效的工作保证了本书的顺利出版。

孙祁祥

2011 年 10 月 20 日于北大蓝旗营

目录

Contents

摘　要

2001 年 12 月 11 日，中国正式成为世贸组织成员。入世十年，中国对外开放迈上新台阶，综合国力大幅提升，国际地位和影响力显著提高。保险业作为中国入世谈判的焦点和入世后对外开放的排头兵，在中国整个对外开放战略布局中一直居于重要地位。

本书在入世十年的大背景下，从基本理论出发，对中国保险业的对外开放进行宏观层面和微观层面的系统评价，并在国际比较的基础上，深入讨论未来中国保险市场对外开放的若干重大议题与政策选择。

本书除导论之外，分为五章。第一章是"保险市场对外开放的理论阐述"，第二章是"中国保险业对外开放的演进与评价"，第三章是"外资保险公司的经营战略及评价"，第四章是"保险市场对外开放的国际比较"，第五章是"未来保险市场对外开放的重大议题与政策选择：2011～2020"。

导论。关于中国保险业的对外开放，有一系列重要基础性问题值得认真思考。在此，我们提出五个基本理念，它们是：（1）"互利共赢"而非"零和博弈"是保险业对外开放的战略基石；（2）保险业对外开放应当遵循"三个有利于"的判断标准；（3）对外开放下的保险监管更应关注"宏观审慎监管"的最新趋势；（4）保险业"走出去"将成为服务国家战略的必然要求；（5）"全球统一监管规则"将对保险业开放格局产生深远影响。

第一章"保险市场对外开放的理论阐述"。比较优势理论和金融深化理论告诉我们，开放保险市场，引入外部市场竞争主体，对于发展中国家保险市场的发展具有重要推动作用。对于跨国保险集团而言，在考虑所有权优势、区位优势、市场内部化优势的基础上，海外扩张的动机，主要有保险集团基于追随客户的扩张战略、基于市场寻求的扩张战略以及全球范围内的风险分散动机。从实际运行来看，被动扩张是保险集团海外扩张的"初级阶段"，主动扩张是当前越来越多保险集团海外扩张的选择，全球市场的风险分散战略则是保险集团经营中降低风险的必然选择。新兴市场国家对外开放保险市场，引进国际保险集团，是其金融自由化的重要内容，对外开放的根本动因是推进本国保险产业的发展，进而推动本国金融产业的深化以及经济的健康发展。但是关于保险市场开放效应的理论研究和实证研究都不能对这一命题给出肯定的回答。换言之，保险市场对外开放对东道国而言既是机遇也是挑战。为了发展保险产业、推动经济良性循环，新兴市场国家的选择应该是，积极稳妥地对外开放保险市场，合理有度地利用贸易保护措施。

第二章"中国保险业对外开放的演进与评价"。 本章从历史纵向的视角，对中国保险业对外开放历程进行全面的总结和评价，着重考察了中国对外开放的整体部署和开放观对保险业开放进程的影响、保险市场开放格局的演变以及对外开放对产业安全、金融安全、行业竞争力等方面的影响。入世十年来，保险业迅速地进入了全方位开放阶段，外资日益多元化地融入中国保险业，在中国保险市场的参与度稳步提升，形成了中外资保险公司公平竞争、共同发展的格局。当然，外资公司在中国的发展速度低于早前预期，总体规模偏小，市场份额相对有限，加上还有一些政策限制，其竞争潜力没有得到充分的发挥，所以还未对中资保险机构构成明显的生存威胁；而我国国家主权和金融主权完整，监管审慎有力，很好地防范了开放的引致风险。保险业对外开放的实践历程也清楚地告诉我们，对外开放带来的竞争压力和示范效应，加速了保险业对内改革的进程，进而大大地推动了行业竞争力的提升，促进了监管制度的改革与完善，提升了消费者的福利。一个全球性的资源、资金、技术和产品的开放体系，符合我国的长期利益。

第三章"外资保险公司的经营战略及评价"。 本章从微观视角对入世十年来外资寿险公司和外资产险公司在组织结构、产品、营销渠道、区域发展、人才发展等方面的经营战略进行总结与评价。研究发现，在组织结构战略上，外资保险公司的基本导向是因势利导，选择最能发挥出自身优势的组织结构；在产品战略上，外资保险公司的基本导向是在政策允许的范围内，充分利用外方股东的产品研发优势，通过差异化来满足目标市场上消费者的需要；在营销渠道战略上，外资寿险公司存在着"总体上的趋同"和"个体上的分化"两种特征，而外资产险公司的营销渠道战略则由于受到多种因素制约而简单得多；在区域发展战略上，外资保险公司基本都把总部所在地放在了上海、北京等中心城市，在区域布局上基本都把长三角、珠三角、环渤海等地区作为战略"桥头堡"，并在此基础上逐步对中西部地区进行渗透；在人才发展战略上，外资保险公司采取了包括培养人才、引进人才和委派人才等在内的多种手段，实施积极的人才发展战略。展望未来，外资保险公司将面临中资保险公司越来越强的竞争压力；外资保险公司的经营战略有待调整；外资保险公司之间的分化趋势将进一步加剧。

第四章"保险市场对外开放的国际比较"。不同国家的保险市场开放并非遵循同一模式，由于各国保险业发展水平、经济金融政策等方面存在差异，并受到不同政治经济环境和事件的影响，它们在对外开放的时机、速度、程度、监管政策等方面做出了不同的选择。本章按照开放速度和程度的不同将不同国家（地区）的开放分成两种模式：快速充分开放和逐步有限开放。快速充分开放是指开放进度较为迅速，且开放程度较大的模式，按其开放动机又可以进一步分为主动型开放和被动型开放两种类型。逐步有限开放是指在开放过程中比较谨慎，分阶段、逐步地开放，同时不断完善本国相关法律法规，使本国保险业有一个相对较大的发展空间与相对较长的发展时间，在一个循序渐进的过程中逐渐适应新的发展变化。在对每种模式选取典型国家，从开放动因、开放进程和开放效果三个方面进行述评的基础上，总结了若干国际经验与教训：第一，保险业开放应该基于本国国情，循序渐进；第二，监管及配套措施应紧跟保险市场开放步伐；第三，坚持本国的立场和规划，提升面对发达国家压力时的谈判能力；第四，重视再保险市场在保险市场对外开放中的重要作用。

第五章"未来保险市场对外开放的重大议题与政策选择：2011～2020"。"十年树木，百年树人"，若以十年为期观察保险市场的年轮，可以清晰地看到中国保险市场的发展脉络。过去的十年是中国保险市场在改革开放中快速发展的十年，也是从稚嫩走向成熟的十年。十年来，外资保险公司为中国保险市场注入了无限的生机和活力，成为中国保险市场不可或缺的重要组成部分。未来的十年，保险市场对外开放仍然是一个关乎中国保险业健康发展的关键因素。本章在描述未来十年中国保险业对外开放所面临的世界政治经济格局以及保险业发展背景的基础上，讨论未来十年中国保险市场对外开放的若干重大议题，如合资寿险公司的股权比例问题、保险业对外开放的深度和广度问题、外资保险区域平衡发展和保险供给结构平衡发展问题、保险业"走出去"的问题、保险业与其他金融部门改革开放的相互借鉴与协同问题。然后，根据前面各章的分析结论，按照开放、共赢、与时俱进的思路，借鉴国际经验，结合中国国情，将未来保险市场对外开放战略划分为三个实施阶段，论述了中国保险业在未来十年进一步对外开放的六大战略。

Executive Summary

On Dec. 11, 2001, China officially joined the World Trade Organization (WTO). Within the decade in WTO, China's opening-up has stepped onto a new stage, with the national comprehensive strength dramatically enhanced and the international status and influence significantly improved. As the focus of the WTO accession negotiations and the pioneer in the opening-up after the accession, the insurance industry has been placed in an important position in the strategic layout of China's overall opening-up.

Under that background, this book, from the basic theory, conducts systematical evaluation over the opening-up of China's insurance industry on the macro and micro level, and accomplishes in-depth discussion over the several major issues and policy options about the opening-up of China's future insurance industry on the basis of international comparison.

The book is divided into five chapters in addition to the introduction part. The first chapter is "Theoretical Explanation of the Opening-up of the Insurance Market". The second chapter is "Evolution and Evaluation of the Opening-up of China's Insurance Industry". The third chapter is "Business Strategy of Foreign Insurance Companies and Evaluation". The fourth chapter is "International Comparison on the Opening-up of the Insurance Market". The fifth chapter is "Major Issues and Policy Options about the Opening-up of the Future Insurance Market: 2011 – 2020".

Introduction. As for the opening-up of China's insurance industry, there is a series of significant and fundamental issues worth thinking about. Here, we present five basic ideas: 1) it is "win-win", instead of "zero-sum game", that shall be the strategic foundation of the opening-up; 2) we should follow the criteria of "Three Favorables" (whether it promotes the insurance industry to serve the economical and social development, wheter it improves the international competitiveness of China's insurance industry, and whether it improves the welfare of insurance consumers); 3) we should lay more stress on the latest trends of "Macro-prudential Regulation"; 4) the "going out" strategy of the insurance industry is to be the inevitable requirement of our national strategy; 5) "Globally Consistent Supervision Rules" will exert profound influence on the opening-up pattern of the insurance industry.

Chapter 1: Theoretical Explanation of the Opening-up of the Insurance Market. According to the "Comparative Advantage Theory" and the "Financial Deepening Theory", the opening-up of the insurance market, with the introduction of external competition entities, has significant promotional effects on the development of the insurance market in developing countries. For multi-national insurance groups, on the basis of the consideration of ownership advantages, location advantages, and the advantage of market internalization, their motivation for overseas expansion mainly includes: the strategy based on the following of their clients, the strategy based on the pursuit of market, and the strategy based on diversification within global range. From the practical perspective, the passive expansion is the "primary stage" of the overseas expansion of insurance groups, and the active expansion is the choice of more and more insurance groups, and the diversification strategy is the inevitable option of insurance groups to lower their risk. For the emerging markets, it is an important part of the financial liberalization to open up the insurance market and introduce international insurance groups. The fundamental motivation for the opening-up is to promote the development of local insurance industry, and further promote the deepening of the financial industry and the healthy development of the economy. However, neither the theoretical study on the opening-up effects nor the empirical research can give out the affirmative answer. In other words, the opening-up of the insurance market is not only an opportunity but also a great challenge for the host country. In order to develop the insurance industry and promote the benign circulation of economy, emerging countries should choose to open up their insurance markets in an active and steady manner, with reasonable and appropriate use of trade protection measures.

Chapter 2: Evolution and Evaluation of the Opening-up of China's Insurance Industry. This chapter conducts overall summary and evaluation of the process of the opening-up of China's insurance industry from the vertical perspective of history, with the focus on the influence of the overall deployment and the opening-up view on the opening-up process, the focus on the evolution of the opening-up pattern, and the focus on the influence of the opening-up on the industry safety, financial security, industry competitiveness, etc. In the passing decade, the insurance industry has quickly stepped onto the stage of all-round opening-up. Foreign companies have gradually merged into China's insurance industry, and their participation in the market has increased in a stable manner, forming the pattern of fair competition and common development between foreign and local companies. However, on one hand, the development speed of foreign companies in China is lower than expected, with their overall scale relatively small and their market share relatively limited; and on the other hand, there also exist some policy restrictions. Therefore, the potential competitiveness of foreign insurance companies has not been fully developed, not causing evident threats to the survival of Chinese insurance institutions. China has complete national and financial sovereignty with powerful prudent supervision, thus well avoiding the risk caused by the opening-up. The practice clearly tells us that the competition pressure and demonstration effect from the opening-up have speeded up the internal reform process, dramatically improved the industry competitiveness, promoted the reform and maturity of the supervision system and improved the consumer welfare. An open system with global resources, capital, technology and products, conforms to China's long-term interests.

Chapter 3: Business Strategy of Foreign Insurance Companies and Evaluation. This chapter, from micro perspective, conducts summary and evaluation of the business strategy of foreign life insurance companies and foreign property insurance companies in the past decade, in terms of the organizational structure, products, marketing channels, regional development, talent development and so on. According to our study, for the organizational structure strategy, on the basis of their own features, foreign insurance companies select the most suitable organizational structure to develop their advantages. For product strategy, within the tolerance of policy, they will make full use of the research and development advantages of the foreign shareholders to meet the needs of consumers on the target market through the differentiation strategy. For the marketing channel strategy, there are two features "overall convergence" and "individual differentiation" in foreign life insurance companies, while foreign property insurance companies implement simpler strategy due to various restrictions. For the regional development strategy, they locate headquarters in such central cities as Shanghai and Beijing and view the Yangtze River Delta, the Pearl River Delta and the Bohai Coastal Region as the "bridgehead" of the strategy, and further develop into the Midwest region on the basis. For the talent development strategy, they adopt positive strategy by means of training, introducing and assigning talents. Looking to the future, they will be faced with more and more competition pressure from China's local insurance companies; their strategies need adjusting; the trend of differentiation will be further intensified among foreign insurance companies.

Chapter 4: International Comparison on the Opening-up of the Insurance Market. Different countries may follow different pattern for the opening-up of their insurance markets. Due to the discrepancy in the development level of insurance industry and economic and financial policies as well as the influence of political and economic environment, they may have different options in terms of the opening-up time, speed, degree the supervision policies. On the basis of the difference in the opening-up speed and degree, this chapter identifies two patterns for different countries (regions): the fast complete opening-up pattern and the gradual limited opening-up pattern. The fast complete opening-up pattern is one with relatively rapid speed and higher opening-up degree, and according to different motivation, it can be further divided into two types: the active pattern and the passive pattern. The gradual limited opening-up pattern means the opening-up is implemented cautiously and gradually with several phases, and relative laws and regulations need to be constantly improved to create relatively larger development space and relatively longer time for the local insurance industry to adapt to the new changes in a gradual process. We review typical countries from each pattern in terms of the motivation, process and the effect of the opening-up and then summarize several international experience and lessons based on the review: first, the opening-up should be based on national conditions and conducted in a gradual manner; second, regulatory and supporting measures should follow the opening-up pace of the insurance market; third, the host country's position and planning should be insisted and the negotiation ability need to be enhanced in face of the pressure from developed countries; fourth, importance should be attached to the role of the reinsurance market in the opening-up.

Chapter 5: Major Issues and Policy Options about the Opening-up of the Future Insurance Market: 2011 - 2020. "It takes ten years to grow trees, but one hundred to rear people", if the insurance market is perceived within the time range of one decade, its development path can be clearly presented. The passing ten years witness the rapid development of China's insurance market in the Reform and Opening-up, as well as its growth from naivety to maturity. Over the ten years, foreign insurance companies have brought infinite vitality and vigor to the market and become an indispensable part of it. In the next ten years, the opening-up is still a key factor for the healthy development of China's insurance industry. On the basis of the description of the global political and economic situation and the background of the insurance industry development in the opening-up of the next ten decade, this chapter discusses several major issues of the opening-up in the next decade, including the shareholding proportions of a joint venture life insurance company, the depth and scope of the opening-up of the insurance industry, the regionally balanced development of foreign insurance companies, the supply structure balanced development, the "going-out" issue of China's insurance industry, and the reference and synergy between the insurance industry and other financial sectors in the opening-up. Then, on the basis of the analysis and conclusions from previous chapters and under the guideline of the opening-up, "win-win" principle and keeping abreast of the times, we combine the international experience with China's national conditions, divide the opening-up strategy of China's insurance market into three execution phases, and discuss the six major strategies for the further opening-up of China's insurance industry in the next decade.

入世十年与中国保险业对外开放的五个理念

2001 年 12 月 11 日，中国正式成为世贸组织成员。在入世十年后的今天，中国对外开放迈上新台阶，进出口总额位居世界第二位，利用外资水平提升，境外投资明显加快，中国国际地位和影响力显著提高。与此同时，中国综合国力大幅提升，2010 年国内生产总值达到 39.8 万亿元，跃居世界第二位。保险业作为中国入世谈判的焦点和入世后对外开放的排头兵，在中国整个对外开放战略布局中一直居于重要地位。在这样的背景下，在中国入世十周年之际，回顾、审视并展望中国保险业的对外开放，具有十分重要的意义。

对于中国保险业的对外开放，有一系列重要基础性问题值得认真思考，具体包括：第一，中国保险业对外开放的战略基石是什么？第二，中国保险业对外开放应当遵循什么样的判断标准？第三，对外开放下的中国保险监管应当注重什么？第四，如何看待中国保险业"走出去"的问题？第五，如何看待保险业的"全球统一监管规则"？

对应这些问题，我们提出中国保险业对外开放的五个基本理念，它们是：

- "互利共赢"而非"零和博弈"是保险业对外开放的战略基石；
- 保险业对外开放应当遵循"三个有利于"的判断标准；
- 对外开放下的保险监管更应关注"宏观审慎监管"的最新趋势；
- 保险业"走出去"将成为服务国家战略的必然要求；
- "全球统一监管规则"将对保险业开放格局产生深远影响。

一、"互利共赢"而非"零和博弈"
是保险业对外开放的战略基石

当今世界经济一体化已经进入新的阶段，"零和博弈"的陈旧理念逐渐被淘汰，"互利共赢"逐渐成为主流共识。"互利共赢"的理念包含两层含义：第一，如果想自己获益，前提是必须让对方也获益；如果不让对方获益，那么自己也难获益。第二，即使短期内出现"一赢一输"的局面，长期也是不可持续的，只有"互利"才能使"共赢"持久。因此，"互利共赢"是对外开放的重要战略基石，是长久之计，而不是权宜之策。

入世十年，中国奉行的总的对外开放政策就是"互利共赢"的政策。入世十年的实践证明，这既有利于中国，也有利于世界各国。一方面，入世十年极大地促进了中国开放型经济发展，提升了中国经济的整体竞争力。十年来，中国货物贸易额由世界第六位上升到第二位，其中出口跃居第一位；累计吸收外商直接投资额居发展中国家首位；对外直接投资额 2010 年居世界第五位。各个产业在激烈的国际竞争中经受了考验；另一方面，中国入世也为世界各国带来了实实在在的利益。这十年，中国每年平均进口 7 500 亿美元的商品，相当于为贸易伙伴创造 1 400 多万个就业岗位。在华外商投资企业累计汇出利润 2 617 亿美元，年均增长 30%。中国对外投资企业聘用当地员工接近 80 万人，每年在当地纳税超过 100 亿美元。中国物美价廉的商品为国外消费者带来了巨大实惠，由于进口中国商品，美国消费者过去 10 年共节省开支 6 000 多亿美元，欧盟每个家庭每年可以节省开支 300 欧元[①]。

"互利共赢"同样适用于中国保险业的对外开放。在当今世界，一方面，想通过到东道国投资、通过"剥削"来攫取巨额利润已不太现实；另一方面，想通过引进外资来发展壮大民族保险业，而同时限制外资保险公司发展，也不太可行。我们应当从战略高度认清这个问题，并以此来指导保险业的对外开放工作。

在这一理念指导下，不论是中国政府还是外国政府，不论是中国保险监管机构还是外国保险监管机构，也不论是中资保险公司还是外资保险公司，都应当共同分享发展机遇，共同应对全球挑战。从投资者的角度看，应当注重外资企业在东道国的社会责任，重视东道国利益相关者的核心关切。从东道国的角度看，应

---

① 温家宝：《中国面向世界的大门将永远敞开——温家宝总理在第 110 届中国进出口商品交易会开幕式暨中国加入世界贸易组织 10 周年论坛上的讲话》，2011 年 10 月 14 日。

当注重完善投资硬环境和软环境，特别是投资软环境，切实保护投资者合法权益，提高对外商投资的吸引力。

我们注意到，2011年8月，中国保监会正式发布《中国保险业发展"十二五"规划纲要》，其中第八章以"互利共赢，不断提高对外开放水平"为题，对"十二五"期间中国保险业的对外开放问题进行了规划。《规划纲要》要求，适应我国对外开放新形势，不断提高保险业对外开放的水平，深化国际交流合作，有效防范跨境风险，以开放促发展、促改革、促创新，实现中外资保险公司互利共赢、共同发展。

在"十二五"期间以及今后更长时期的保险业对外开放中，我们要坚持夯实"互利共赢"这一战略基石，将其作为我们思考具体问题和制定具体政策的基本出发点。

二、保险业对外开放应当遵循"三个有利于"的判断标准

上文提到，"互利共赢"是保险业对外开放的战略基石，那么，在具体的保险业对外开放决策中，应当遵循和把握什么样的标准呢？我们认为，中国保险业对外开放应当遵循"三个有利于"的判断标准：第一，宏观层面，有利于保险业服务经济社会发展；第二，中观层面，有利于提高中国保险业的国际竞争力；第三，微观层面，有利于改善保险消费者的福利。

首先，我们看第一个标准：宏观层面，是否有利于保险业服务经济社会发展。入世十年，虽然中国取得了巨大进步，但仍然是一个发展中国家，"发展"仍是中国今后长期艰巨的任务。保险业作为国民经济的一个部门，理应为经济和社会发展贡献力量。我们讨论保险业的对外开放问题，不能就保险论保险，而应当站在国家经济社会发展的高度，来谋划保险业的角色担当，由此来规划保险业的对外开放。孙祁祥、郑伟等（2009）[1] 从保险制度与市场经济的视角，论证了"保险业不完善的市场经济不是完善的市场经济"的命题。保险是市场经济条件下风险管理的基本手段，只要搞市场经济，只要我们承认风险是无处不在的，那么我们就必然需要保险。保险在经济社会发展中可以发挥经济保障、资金融通和社会风险管理等多项重要功能。完善的市场经济需要完善的保险业，保险业对外开放，其更重要的意义，是通过自身的完善来推动中国市场经济体制的完善。因

---

[1] 孙祁祥、郑伟等：《保险制度与市场经济——历史、理论与实证考察》，经济科学出版社2009年版。

此，保险业的对外开放，应当坚持"有利于保险业服务经济社会发展"的标准。

其次，我们看第二个标准：中观层面，是否有利于提高中国保险业的国际竞争力。一个产业的国际竞争力是衡量该产业在国际市场上的竞争地位的重要指标，虽然该指标没有统一的计算方法，但是通常是考虑一个产业提供优质产品和服务的能力、与其他国家相同产业相比的竞争优势、产业可持续发展能力以及应对外部冲击的能力等。需要注意的是，这里的"中国保险业"不是狭义的"中国民族保险业"，而是指整个中国保险产业，包括在中国境内经营的中资保险机构、外资独资保险机构、中外合资保险机构等。其实，随着国际经济一体化的发展，一家企业的"国别"身份将逐渐淡化。比如，一家中资保险公司可能到海外上市，拥有许多知名或不知名的外籍股东；又如，一家中资保险公司虽然未到海外上市，但是可能有外资参股，只要外资股份比例未达25%，则在法律上依然被视为中资公司；再如，外资寿险公司基本都是中外合资企业，虽名为外资，但中资股份也占到50%；即使是"纯外资"保险公司，它也常常雇用本土的高管和员工，为本土提供就业，在本土纳税。可见，在很多情况下，中资与外资的身份不是泾渭分明的，而是相互交织的。这里的关键，不是去确认某家保险公司的国别身份（如前所述，很多时候我们无法清晰地界定和确认），而是看是否有利于提高中国保险业整体的国际竞争力。因此，保险业的对外开放，应当坚持"有利于提高中国保险业的国际竞争力"的标准。

最后，我们看第三个标准：微观层面，是否有利于改善保险消费者的福利。保险业对外开放速度应当快一些还是慢一些，对外开放广度应当大一些还是小一些，对外开放深度应当深一些还是浅一些，对此类问题进行判断，除了需要考虑以上"有利于保险业服务经济社会发展"和"有利于提高中国保险业的国际竞争力"的标准之外，还有一个非常重要的标准，就是要考虑是否"有利于改善保险消费者的福利"。从理论上讲，有时保险企业强大了，国际竞争力提高了，但可能是以不合理的高保费、低赔付为基础，是以牺牲保险消费者的福利为代价，这样的"强大"不是我们所需要的。改善保险消费者的福利，应当成为保险业对外开放的一个基本出发点和立足点。改善保险消费者的福利，简言之就是要提高消费者对保险产品和服务的满意度，使他们获得更多的"消费者剩余"。改善保险消费者的福利，从表面上看似乎与提高保险机构的盈利是相悖的，但实际上二者是一个矛盾统一体，因为如果保险消费者的福利得到改善，消费者更加信赖和支持保险机构，那么长期而言保险企业的赢利状况和保险业的国际竞争力应当都会得到提高。因此，保险业的对外开放，应当坚持"有利于改善保险消费者的福利"的标准。

综上，一项保险业的对外开放政策，只要有利于保险业服务经济社会发展，有利于提高中国保险业的国际竞争力，有利于改善保险消费者的福利，我们就应当支持。我们不必过于计较局部的一时得失，而应当关注全局，关注实质，关注长远。

三、对外开放下的保险监管更应关注"宏观审慎监管"的最新趋势

宏观审慎监管是这次世界金融危机带给国际金融监管界的重大课题。宏观审慎监管与微观审慎监管相对应，微观审慎监管关注金融市场上的个体机构的风险，而宏观审慎监管则关注可能引发金融体系动荡并造成实体经济衰退的系统风险。国际保险监管的新趋势是从微观审慎监管向宏观审慎监管转变。在对外开放的背景下，中国的保险监管应当重点管什么？我们认为，"宏观审慎监管"是其中的核心内容。

宏观审慎监管具有丰富多维的内涵，不应作狭义理解。近期，从保险监管的视角出发，国际保险监督官协会对宏观审慎监管的广度和深度进行了有益的拓展，十分值得关注。从宏观审慎监管的广度来看，国际保险监督官协会认为，宏观审慎监管不能单纯局限于金融危机，而应扩展到包括严重自然灾害、紧急社会事件和重大政治变化等超越经济领域但又具有明显系统影响的风险因素，统筹开展宏观审慎管理；宏观审慎监管不能将金融稳定作为唯一目标，保护消费者利益和维护公平市场竞争，也应受到重点关注；跨境机构的危机管理机制，不应仅在金融机构濒临倒闭时发挥作用，而应在问题出现之初就有所作为。从宏观审慎监管的深度来看，包括顺经济周期效应、危机管理和解决机制、反映审慎监管需要的国际会计准则，以及金融机构的薪酬管理制度等一系列涉及宏观审慎监管的内容得到深入研究①。

从以上国际保险监督官协会对宏观审慎监管的解读，我们可以得到如下启示：第一，保险监管既要关注经济金融风险，又要关注具有系统影响的自然、社会和政治风险；第二，既要关注金融稳定，又要关注消费者权益保护和公平市场竞争；第三，既要关注事后救济，又要关注事前防范；第四，既要关注具体问题解决，又要关注深层制度改革。

我们知道，在对外开放的背景下，以上提及的许多可能引发系统风险的问题

---

① 周延礼：《中国保险业的发展与监管》，在北京大学"中国保险业的发展与监管"圆桌会议上的讲话，2011年10月28日。

将变得更加复杂。比如，一处发生在别国的严重自然灾害，可能重创某一国际再保险公司，从而影响其在中国的再保险业务的赔付，进而影响相关原保险公司的偿付能力；又如，国际形势风云变幻，两国政治、外交和军事冲突有可能影响相关外资保险公司的在华经营，从而引发系统风险；再如，因为有了外资保险公司的参与，消费者权益保护问题和公平市场竞争问题将变得更加敏感，若处理不当将可能引发社会危机；此外，本国保险会计制度与国际保险会计准则如何协调和衔接，也将带来不少的难题。

正因为在对外开放背景下，系统风险问题更加复杂，因此对外开放下的保险监管更应关注"宏观审慎监管"，并关注其最新发展趋势。

四、保险业"走出去"将成为服务国家战略的必然要求

在以上讨论保险业的对外开放时，我们更多的是讨论中国保险市场对外资开放的问题，即"引进来"的问题。其实，随着中国经济的发展，随着中国成为世界第二大经济体，中国企业的"走出去"也将日渐增多、日益重要。

《国民经济和社会发展"十二五"规划纲要》要求统筹"引进来"与"走出去"，坚持"引进来"和"走出去"相结合，利用外资和对外投资并重，提高安全高效地利用两个市场、两种资源的能力。《规划纲要》要求加快实施"走出去"战略，按照市场导向和企业自主决策原则，引导各类所有制企业有序开展境外投资合作；深化国际能源资源开发和加工互利合作；鼓励制造业优势企业有效对外投资，创建国际化营销网络和知名品牌；扩大农业国际合作，发展海外工程承包和劳务合作；逐步发展我国大型跨国公司和跨国金融机构，提高国际化经营水平。《规划纲要》还要求，提高综合统筹能力，完善跨部门协调机制，加强实施"走出去"战略的宏观指导和服务；健全境外投资促进体系，提高企业对外投资便利化程度，维护我国海外权益，防范各类风险。可见，"走出去"已然成为中国的国家战略。

我们知道，保险、银行等金融服务机构的"走出去"通常是"追随"客户而走出去的，随着中国制造业企业、海外工程承包和劳务合作的"走出去"，它们对保险业的走出去逐渐产生需要。正是基于这样的需要，中国保险业的"走出去"也将日渐增多、日益重要。如果说"走出去"已经成为中国的国家战略，那么保险业"走出去"就将成为服务国家战略的必然要求。

在保险业"走出去"的问题上，《中国保险业发展"十二五"规划纲要》明确提出，鼓励具备条件的保险企业"走出去"；借鉴外资公司在公司治理、风

险防范、创新能力等方面的优势和经验，增强国别风险、项目风险的判断和控制能力，积极培育一批管理国际化、具有国际竞争力的保险机构；鼓励具备条件的保险公司开拓国际市场，服务国家"走出去"总体战略。

中国保险业"走出去"是一个大的趋势和方向，但具体如何"走出去"，如何发挥"走出去"的正面效用，如何避免"走出去"的负面影响，还有许多问题需要深入研究。保险业"走出去"是为了提供风险保障，如果保险企业自身的风险管理没有做好，不熟悉海外投资环境和投资项目的风险状况，不能提供有效的风险管理解决方案，则无法为其他企业"走出去"保驾护航，无法服务国家"走出去"的总体战略。

因此，一方面，保险业"走出去"将成为服务国家战略的必然要求；另一方面，"走出去"也对保险业提出了严峻的挑战。

五、"全球统一监管规则"将对保险业开放格局产生深远影响

在世界经济一体化和中国保险业对外开放的背景下，我们已经不可能关起门来讨论保险监管问题了，中国的保险监管应当关注国际保险监管领域的最新动向，特别是其中关于"全球统一监管规则"的战略调整方向。

在全球金融危机发生之后不久，国际保险监督官协会（IAIS）就启动了战略调整工作，"全球统一监管规则"成为其中的重要内容。在全球统一监管规则方面，国际保险监督官协会目前主要开展三项工作[①]：第一，完善大型金融保险集团的监管，研究建立国际活跃保险集团（IAIG）监管共同框架。"共同框架"拟采用定性和定量两个角度，监测国际活跃保险集团的结构、业务和内部交易等，对集团范围内的整体风险和全部活动进行评估。目前，国际保险监督官协会正在制定对"国际活跃保险集团"的确认标准。第二，推广国际保险监管规则的全球实施。目前，国际保险监督官协会正在开发和推广保险核心原则的评估工具，试图建立国际保险监管原则的自评估和同行审议机制。第三，建立全球监管合作机制。主要是研究加强风险跨领域关联与传递的监管规则，建立跨境金融机构的危机管理和解决机制。加强与银行、证券监管组织联合研究金融监管边界问题，在国际金融领域建立多边监管合作谅解备忘录机制，阻止监管套利。

这一"从各个国家自行制定监管标准向逐步制定全球统一的监管准则"的

---

① 周延礼：《中国保险业的发展与监管》，在北京大学"中国保险业的发展与监管"圆桌会议上的讲话，2011 年 10 月 28 日。

转变，将对包括中国在内的各国保险业的开放格局产生深远影响。以中国为例，一方面，随着大型金融保险集团监管的完善、国际保险监管规则的全球推广以及全球监管合作机制的建立，中国的保险监管将更加健全和完善，有了相对完善的保险监管，保险业的对外开放就具备了进一步向广度和深度推进的基础；另一方面，随着中国保险企业的"走出去"，一批中国保险企业有可能被认定为"国际活跃保险集团"，从而接受"国际活跃保险集团监管共同框架"的约束，受到更加严格的监管，这有可能对中国保险企业的"走出去"产生一定的制约。

在"全球统一监管规则"的背景趋势下，"进一步加强国际保险监管合作"显得尤为重要。《中国保险业发展"十二五"规划纲要》明确要求：完善针对跨国金融保险集团的跨境危机管理和解决机制；加强与境外特别是发达国家和地区保险监管机构的合作，建立和发展双边、多边监管合作关系，加强境内外保险监管协调，强化对国内保险公司境外机构的监管，防范风险跨市场跨境传递；积极参加国际保险监管规则的修改和制定，在重大事务和战略性问题上发挥建设性作用。

加入世界贸易组织是中国国民经济和社会发展中的一件大事，入世十年极大地促进了中国开放型经济发展，提升了中国经济的整体竞争力。在"十二五"期间以及未来更长的一段时期，如何适应我国对外开放新形势，不断提高保险业对外开放的水平？如何深化国际交流合作，有效防范跨境风险？这些问题都需要我们认真思考和研究。在保险业对外开放的过程中，我们应当把握相关基本理念，以开放促发展、促改革、促创新，实现中外资保险公司互利共赢、共同发展。本书后面各章将在入世十年的大背景下，从基本理论出发，对中国保险业的对外开放进行宏观层面和微观层面的系统评价，并在国际比较的基础上，深入讨论未来中国保险市场对外开放的若干重大议题与政策选择。

本章参考文献

1. 孙祁祥、郑伟等：《保险制度与市场经济——历史、理论与实证考察》，经济科学出版社 2009 年版。

2. 孙祁祥等著：《中国保险市场热点问题评析（2010～2011）》，北京大学出版社 2011 年版。

3. 郑伟：《中国保险业发展研究》，经济科学出版社 2011 年版。

4. 周延礼：《中国保险业的发展与监管》，在北京大学"中国保险业的发展与监管"圆桌会议上的讲话，2011 年 10 月 28 日。

保险市场对外开放的理论阐述

引　言

　　2001 年，中国正式加入世界贸易组织。十年来，中国的保险市场格局发生了重大变化，一大批外资保险公司相继在中国开业，成为中国保险市场的重要供给主体，外资保险公司的市场份额，特别是人身险市场份额十年来有很大提升。他们优质的服务，也让一大批保险消费者将橄榄枝投向外资保险公司。在入世十周年之际，如何全面认识并评价保险市场的对外开放，是一个重要的研究课题。

　　本章将主要从理论上解释保险市场对外开放的动因和市场开放的效应。首先，我们从国际贸易的经典比较优势理论以及金融深化理论、折中理论出发，解释保险市场对外开放的理论基础。在此基础上，依次回答这样几个问题：第一，外资保险集团国际投资的动机何在？第二，对于东道国而言，外资保险集团的进入将会产生什么效应？第三，保险市场开放中是否需要贸易保护以及如何采取贸易保护？

　　在开始本章的分析之前，我们有必要对"开放"做出界定。学术界更常见的一个词语是"自由化"（liberalization）。在麦金农（Mckinnon，1973）和肖（Shaw，1973）的理论中，金融自由化是指利率的自由化和减少政府对信贷数量的直接干预。之后，金融自由化被广泛应用，其内涵主要集中在价格的自由化、业务的自由化、市场准入的自由化和资本流动的自由化四个方面（黄金老，2001）。卡明斯基和施穆克勒（Kaminsky & Schmuklex，2002）认为金融自由化应包括三方面内容，即资本账户自由化、国内金融部门自由化、股票市场自由化。他们将资本账户、国内金融部门、证券市场自由化程度划分为三个等级：完全自由化、部分自由化和无自由化。据此我们认为，自由化或者广义的开放应该是既包括对外国资本的开放也包括对国内企业的开放。而我们这里所论及的保险市场的开放，仅仅是金融自由化或广义的金融开放中一个很小的分支，即保险市场的对外开放。

一、保险市场对外开放的理论基础

以下我们从比较优势理论、金融深化理论、折中理论三个角度分析保险市场对外开放的动因。

■■■（一）比较优势理论

比较优势理论是国际贸易理论的基础理论之一，它所研究的主要对象是国际商品贸易，其基本观点是：比较优势差异是国际贸易产生和贸易发展的根本原因。该理论认为，不同国家在不同产品上存在不同的绝对或相对的比较优势，因此，每个国家应专业化生产其具有比较优势的产品并进行交易，国际贸易的出现对交易双方而言是双赢的。

然而，这一理论是否适合金融领域以及整个服务领域的贸易问题，在理论界存在三种不同的观点：（1）比较优势理论完全不适用于金融领域的贸易问题。比较优势理论分析的一个前提是生产要素在国际间不流动，适用于生产者和消费者都不移动的跨境交付模式。而金融领域生产者与消费者直接接触，金融产品特别是保险产品推广过程中一般都涉及要素的流动，因而不符合比较优势的假设条件，不能用比较优势理论来解释。迪克（Dick & Dicke，1979）对 18 个 OECD 国家 1973 年的知识密集型产品和服务的出口资料进行了跨部门的回归分析，结果显示，没有证据表明比较优势理论在服务贸易决定模型中发挥了作用。（2）比较优势理论完全适用于服务贸易。欣德利和史密斯（Hindley & Smith，1984）认为，服务与商品之间虽然存在较大的差异，但是比较优势理论强大的逻辑完全可以超越这些差异而对服务贸易作出同样的解释。一些实证结果也进一步证实了这一观点。如萨皮尔和卢茨（Sapir & Lutz，1981）利用两阶段分析方法，运用 13 ~ 35 个国家保险、通信等服务行业 1977 年的截面数据，用回归分析的实证方法证明了比较优势理论在服务贸易中的适用性。（3）比较优势理论基本适用于服务贸易。这一观点的支持者们认为，虽然由于服务的特性决定了服务贸易具有与商品贸易不同的特征，但是服务和商品在本质上是相同的，经过修正和补充的比较优势理论依然可以对服务贸易产生的动因作出理论上的解释。如迪尔多夫（Deardorff，1985）运用传统的"$2 \times 2 \times 2$"的 H－O 模型，通过改变标准 H－O 模型中的个别约束条件，分别针对补充性服务贸易（如交通运输服务贸易）、涉及要素流动的服务贸易、为跨国公司提供某些要素的服务贸易等不同情形，对完全竞争下比较优势理论在服务贸易分析中的适用性进行了分析，成功地分析了服务贸易遵循比较优势原则而产生和发展的过程。

从我们掌握的文献来看，大部分学者都认为标准的比较优势理论对于金融等服务贸易有相当的解释力，只需要根据服务贸易的特点，在标准的比较优势理论模型中引入具有解释力的新变量，就可以在原有的理论框架下很好地分析金融等服务贸易的决定因素。据此我们认为，比较优势理论基本上适用于保险市场的对外开放问题。与普通商品贸易相似，保险市场中国际间贸易的发生也是基于成本、技术等方面的优势而产生的，比较优势理论最主要的关于比较优势产生的假说在这里依然成立。现实中保险市场的国际贸易主要是从保险市场相对成熟国家向保险市场相对落后国家输出，其原因也正在于这些相对成熟国家在保险产品或服务的提供上具有比较优势。不过，在保险市场中，比较优势常常以人力资本为基础，而从空间上看，人力资本比其他要素具有更大的流动性和不稳定性，不同国家和地区的环境及政策必然引起高技术人才的流动，从时间上看，人力资本可以通过教育等途径获得，因此，因人力资本而来的比较优势就难以获得长期的独占性[①]。

■■■ （二）金融深化理论

从第二次世界大战结束到 20 世纪 60 年代，自由主义经济思想被凯恩斯主义观点所取代，经济学家强调市场作用的失败和政府干预的必要性，推崇强制储蓄，用通货膨胀或不利于农业部门的贸易条件将经济中的盈余转移给工业部门，以低于市场利率的价格向被支持产业提供信贷补贴，作为刺激社会所需投资的手段。东欧等社会主义计划经济国家的快速发展也给全世界留下深刻印象。于是，在整个拉美、非洲和部分亚洲欠发达国家，经济干预思想开始大行其道。这些国

---

① 莫申瑞安（Moshirian，1994）采用 13 个 OECD 国家的截面数据在完全竞争的假设条件下进行了实证检验，结果显示银行国际资产、物质和人力资本以及国家 R&D 的数额是一国金融服务贸易的比较优势的决定因素，也正是这些因素决定了 OECD 国家在金融服务贸易方面具有强大的竞争力，在相当长的时间里成为国际金融市场上金融服务的主要提供者。

家实施外贸保护主义、价格控制，对货币和金融则实施严格的控制，确保被压制的金融市场服从政府的经济目标。同时，为刺激必要的资本品进口而高估汇率，并实行复杂的关税制度、进口许可证制度、出口补贴和外汇管制等。这些严格的金融管制措施被称为金融抑制。

1973 年，麦金农和肖分别发表论文，分析发展中国家的金融问题。他们的研究认为，发展中国家存在着明显的金融抑制现象。政府一般对利率实行严格的管制。在利率管制下，发展中国家普遍存在的通货膨胀使实际利率往往为负。负实际利率一方面损害了储蓄者的利益，削弱了金融体系集聚金融资源的能力，使金融体系发展陷于停滞甚至倒退的局面；另一方面向借款人提供了补贴，刺激后者对金融资源的需求，造成金融资源供小于求的局面，此时需要实行信贷配给。而国家往往根据自己的偏好分配金融资源，这损害了金融体系在配置资源中的功能。针对那些金融受到抑制的经济，麦金农和肖的政策建议认为，发展中国家应该取消上述金融抑制政策，通过放松利率管制、控制通货膨胀使利率反映市场对资金的需求水平，使实际利率为正，恢复金融体系集聚金融资源的能力，达到金融深化的目的[①]。

麦金农（1973）和肖（1973）的观点实际上就是建议发展中国家应该减少金融抑制，以金融自由化的方式实现金融深化，以促进经济快速增长。从内容上看，金融自由化包括废除利率管制和信贷配给的国内金融自由化以及废除资本流动管制和外汇兑换限制的国际金融自由化，其基本思想就是提高金融国内对外开放与国际对外开放水平作为欠发达经济体起飞的突破口。在此之后，卡普尔（Kapur，1976）、加尔维斯（Galbis，1977）、弗里（Fry，1980）等在麦金农和肖的基础上进一步完善了宏观经济模型，金融深化理论也基本确立。

以麦金农和肖为代表的金融深化理论虽然没有直接涉及保险市场的对外开放问题，但其影响却是客观存在的。按照金融深化理论，发展中国家金融市场抑制是影响其经济发展的重要原因，而发展中国家保险市场发展落后的一个重要原因正是在于保险方面的管制较多。从保险市场监管的发展来看，保险市场的监管经历了从市场行为监管向偿付能力监管、从静态监管向动态监管的演变，这种演变的思路也正是逐步放松对市场的管制。另外，包括中国在内的许多发展中国家都申请加入WTO 并陆续对外开放了保险市场，其目的也正是在于减少政府管制，在引进外部市场主体的同时，进一步发挥市场的作用，这也正是金融深化理论所倡导的。

---

① 实际上，麦金农和肖的模型有很大差别。麦金农所提出的是一个内部融资理论，肖所提出的是初始经济模型和债务中介理论，但两者共同的观点是认为金融抑制是导致欠发达国家经济发展滞后的原因之一。

■■■ （三）折中理论

邓宁（Dunning，1977）创建的国际生产折中理论（eclectic paradigm）是企业国际化的一般性研究框架，该理论具有三个方面的特点：（1）它吸收了过去20多年中出现的各种直接投资理论的优点；（2）它与直接投资的所有权形式有关；（3）它能解释国际企业营销活动的三种主要方式，即出口、技术转让和直接投资（FDI）。折中理论最突出的贡献是提出了解释跨国企业 FDI 决策的 OLI 范式，即跨国企业 FDI 决策受到三个因素的影响：

第一，所有权优势（ownerstilp），即企业在供应某一特定市场时要拥有对其他国家企业的净所有权优势。国际企业的所有权优势主要包括：技术优势，即国际企业向外投资应具有的生产诀窍、销售技巧和研究开发能力等方面的优势；企业规模，企业规模越大，就越容易向外扩张，这实际上是一种垄断优势；组织管理能力，大公司具有的组织管理能力与企业家才能，能在向外扩张中得到充分的发挥；金融与货币优势，大公司往往有较好的资金来源渠道和较强的融资能力，从而在直接投资中发挥优势。

第二，区位优势（location）。如果企业拥有对其他国家企业的净所有权优势，那么，对拥有这些优势的企业来说，他自己使用这些优势时，必然要比将其转让给外国企业去使用更加有利。即企业通过扩大自己的经营活动，将优势的使用内部化要比通过与其他企业的市场交易将优势的使用外部化更为有利。国际企业的区位优势则包括：劳动力成本；一般直接投资总把目标放在劳动力成本较低的地区，以寻求成本优势；市场潜力，即东道国的市场必须能够让国际企业进入，并具有足够的发展规模；贸易壁垒，包括关税与非关税壁垒，这是国际企业选择出口抑或投资的决定因素之一；政府政策，是直接投资国家风险的主要决定因素。

第三，市场内部化优势（internalization）。如果企业在所有权上与内部化上均有优势，那么，对该企业而言，把这些优势与东道国的区位因素的结合必然使企业有利可图。

邓宁（1988，1993）又将折中理论所推崇的 OLI 范式从货物领域进一步扩展到包括金融在内的服务领域，成为解释跨国企业 FDI 行为的主流理论框架。根据这一理论，由于国际领先的金融机构具有规模、产品、品牌认知度、专有技术等经营优势（即所有权优势），往往选择跨国经营。所有权优势越明显，跨国经营的可能性越大。这些跨国金融机构在进入外国市场之前，要选择最好的区域进行投资（即区位优势），以便最大化利润。区位优势越明显的地区，越可能被这些跨国金融机构所选择。跨国金融机构一般选择 FDI 进入，将内部化优势最大化。

折中理论的分析过程和主要结论是：（1）国际直接投资是遍布全球的产品和要素市场不完全性的产物，市场不完全导致跨国公司拥有特定的所有权优势，所有权优势是保证跨国公司补偿国外生产经营的附加成本并在竞争中获得成功的必要条件。（2）所有权优势还不足以说明企业为什么一定要在国外进行直接投资，而不是通过发放许可证或其他方式来利用它的特定优势，必须引入内部化优势才能说明为什么直接投资优于许可证贸易。（3）仅仅考虑所有权优势和内部化优势并不足以说明企业为什么把生产地点设在国外而不是在国内生产并出口产品，必须引入区位优势，才能说明企业在对外直接投资和出口之间的选择。（4）产品拥有的所有权优势、内部化优势和区位优势，决定了企业的对外直接投资的动机和条件。

根据折中理论，只有保险集团的所有权优势，即技术优势、经验优势等相对优势的存在，其海外扩张才存在可能；保险集团扩张战略的具体方式则取决于是否具有内部化优势，只有 FDI 有利可图，企业才选择直接进入；至于选择哪些国家作为海外战略的目的地，则取决于区位优势。从跨国保险集团的具体实践来看，大量存在的是来自发达国家的保险集团向新兴市场国家采取的 FDI 行为，其原因一方面在于这些保险集团本身所具有的技术等方面的所有权优势；另一方面新兴市场国家在主动或被动地对外开放保险市场的过程中为这些保险集团的进入创造了条件，这些保险集团进入后将享受超国民待遇，这就形成了区位优势和内部化优势。在三大优势具备的情况下，保险集团的 FDI 行为也就变得顺理成章了。

二、保险市场对外开放中外资保险进入的动机

保险市场中外资保险公司的进入主要是来自保险业相对发达国家的保险集团在保险业相对落后国家设立分公司、子公司或与当地其他公司合资组建新公司等形式，这里我们可以统一称为保险集团的 FDI。关于保险集团的海外扩张的动机，有保险集团的主观动机，也有东道国提供的客观动机，其中，保险集团扩张的主观动机表现在多个方面：第一是基于追随客户的扩张战略；第二是基于市场寻求的扩张战略；第三是全球范围内的风险分散动机[1]。从实际运行来看，出于

---

[1] 实际上，保险集团海外扩张的动机还有很多，比如享受国内税收优惠的目的等，在本小节之后我们会有一个简单的总结。

客户追随战略而采取的被动扩张是保险集团海外扩张的"初级阶段",而出于市场寻求战略而采取的主动扩张是当前越来越多保险集团海外扩张的选择,全球市场的风险分散战略则是保险集团经营中降低风险的必然选择[①]。

■■■ (一) 客户追随的扩张战略

追随客户的扩张战略也被称为"防御型扩张"(Grubel,1977),是保险集团 FDI 行为的最基本、最传统的解释。在这一动机中,保险集团的 FDI 行为主要目的是追随其本国客户,尤其是服务于跨国公司在国外开设的附属机构。格鲁贝尔(Grubel,1977)和格雷(Gray,1981)等人对跨国银行追随客户的动机提供了理论证明,其提供的理论依据主要包括两点:

第一,银行对母国客户信息优势的内部化。银行业是信息密集行业,外资银行可以凭借其信息优势向来自其母国的跨国企业提供专业化服务,从而将自己和东道国当地银行区别开来。这种根据客户需求定制服务的能力根植于银行与客户的长期关系。随着时间的推移,母国银行可以得到关于客户特殊金融需要的私人信息,而这对于东道国银行是不可得的(至少初期如此)。外资银行凭借其拥有的本国公司和私人的信息流,可以按相对较低的边际成本为跨国公司提供周到的服务,从而转化为相对于东道国银行的竞争优势。

第二,银行对现有客户关系的维护。银行—客户关系是银行特许权价值的重要组成,为了防止来自母国的客户被当地银行或其他竞争者夺走,银行不得不通过在东道国开设机构以维持现有的客户关系。金德尔伯格(Kindleberger,1983)认为,防御性扩张对于外资银行在东道国能否获得利润并不至关重要,但对于防止在母国出现利润损失则比较重要。为了维持并增进与跨国企业在本土母公司之间的业务关系,银行往往会尾随客户到国外为之提供服务。在此情况下,跨国银行的国外业务与国内业务之间形成互补关系。

追随客户动机对于保险市场依然成立。在长期的交往过程中,母国的保险集团与跨国公司可能建立了长期的业务联系。当跨国企业走出国门,对于保险集团和跨国企业而言,双方都希望这种业务关系能继续维持下去,因为保险集团经过与跨国企业多年的交往,对企业的信息、经营状况等都有较为深入的了解,可以

[①] 有大量的关于跨国银行海外扩张动机的实证研究,这些研究显示,20 世纪 80 年代至 90 年代上半期,银行追随客户前往国外的防御性扩张假说是扩张银行理论的普遍观点,以至于被认为是一项广为认可的常识,自 90 年代后半叶以来,跨国银行经营行为表现出日益增强的市场寻求倾向,实证研究结果也反映了这样的变化。参见黄宪、赵征:《开放条件下中国银行业的控制力与国家金融安全》,中国金融出版社 2009 年版,第 39 ~ 44 页。

为企业提供较好的服务，跨国企业出于降低成本等方面的考虑也愿意维持这种业务关系，保险集团则不愿意丧失客户。另外，保险集团对于自己拥有的企业信息也很难在市场上出售，因为信息不对称的存在，很难找到合适的买方，而且这种客户资料的出售对客户而言是不利的，出售行为甚至是不合法的。在这样的背景下，形成了一个特殊的现象，即首先是跨国企业走出国门，然后是为这些企业提供服务的企业跟随走出国门，这其中就包括提供保险服务的保险集团。

■■■ （二）市场寻求的扩张战略

客户追随的扩张战略属于防御性扩张战略，而市场寻求的扩张战略则是主动的扩张战略。保险集团采取市场寻求的扩张战略，一般是由三方面的因素决定的：

第一，东道国地区的区域优势形成的拉力，即东道国本身的经济特征吸引保险集团进行扩张。保险集团海外扩张过程中地域选择考虑的一个关键因素是国外业务的预期利润，因而东道国的市场潜力是保险集团海外扩张的重要影响因素。通常，东道国保险市场规模预期越大，保险集团进入后规模经济效应发挥的潜在空间越大，边际生产成本下降的潜力也越大。特雷尔（Terrell，1979）对跨国银行的研究认为，东道国巨大的市场规模对跨国银行颇具吸引力，而相对欠发达的当地银行体系将使得外国银行大有可为。丘（Cho，1986）认为，随着东道国经济发展，对跨国银行产品的需求将不断增长。近年来，中国、印度等国家和地区经济保持较快发展速度，2009 年两国的 GDP 增长率分别为 8.5%、7.2%，远高于世界平均的 -1.9%；但两国的保险市场则相对落后，两国保险深度 2009 年分别仅为 3.4% 和 5.2%，低于世界平均的 7.0%[①]，保险市场潜在规模较大，于是，这些经济发展较好且保险市场发展潜力巨大的地区自然成为众多国际保险集团海外扩张的首选。

第二，来自母国市场竞争压力而产生的推力。吉伦和彻格尔（Guillen & Tschoegl，1999）等人的研究认为，母国不景气的经济状况以及银行市场饱和是跨国银行向海外扩张业务的驱动因素。母国市场盈利性下降会促使银行将其资源转移到其他地区，在此情况下，国内业务和国外业务之间可能存在替代效应。保险市场中，母国经济的发展状况以及保险市场的饱和状况都会直接影响保险集团的获利能力。当母国经济状况不景气时，国内企业经营状况不佳，对保险服务的需求会下降；而如果母国保险市场已经趋向饱和，保险集团在母国拓展业务的能

---

① 资料来源：Sigma（2010），"Word Insurance in 2009"，Sigma No. 2，2010.

力也会受到很大限制。此时，保险集团维持或扩大其盈利能力的一个选择就是海外扩张。

第三，保险集团自身所具有的优势。虽然来自母国的推力和来自东道国的拉力是推动保险集团海外扩张的重要因素，但更重要的是保险集团本身所具有的效率优势，如先进的技术、国际化经营的丰富经验、产品创新能力以及广泛的市场声誉等。只有存在某些方面的优势，保险集团才有可能对东道国进行 FDI，并进一步发挥这些优势。

■■■ （三）全球市场的风险分散战略

在保险集团全球扩张的战略中，利用全球市场达到风险分散的目的，是其扩张的重要原因，同时也是保险发展自身的特点所决定的。基于不同地区风险的发生具有相对独立性的前提假定，保险公司在经营风险的过程中，风险分散的一个重要方式是在不同地域同时进行承保。一个典型的例子是再保险制度安排。当前，再保险市场发达的国家和地区主要是德国、美国、瑞士、英国、百慕大、法国、日本和爱尔兰等，这八个国家和地区占据了全球 80% 以上的市场份额（Standard & Poor's，2006）。但是，这些保险公司所承保的风险并不是仅仅来自于这些地区，实际上他们为全球保险公司提供再保险服务，这同时也是再保险公司进行风险分散的重要手段。当前，瑞士再、慕尼黑再等全球再保险公司都已落户中国，开展再保险业务，这是这些保险公司全球扩张的重要举措。

对于保险公司而言，利用全球市场进行风险分散主要是分散巨灾风险。早在19 世纪，利用地域进行风险分散的重要性就得到了重视。1835 年，纽约发生大火，大火烧毁了大量英国殖民时代遗留下来的历史建筑，华尔街附近成了重灾区，纽约证券交易所也在火灾中被烧毁。火灾总计烧毁了 17 个街区的 700 栋建筑物，2 人被烧死。在这场火灾中，纽约 26 家火灾保险公司中的 23 家破产。由这场大火所产生的一个重要影响就是保险公司逐渐从地区内经营向跨地区经营转变。

另外，保险公司的全球扩张还可以分散承保周期风险。由于经济周期等因素的影响，保险公司总会面临承保周期，表现为价格、利润等方面的波动。全球许多保险市场都会面临这样的承保周期（Lamm-Tennant and Weiss，1997），不过，承保周期在不同国家并不会完全相关，因此，保险公司可以通过地域的多元化经营分散承保周期风险（Cummins and Venard，2008）。

保险集团的全球扩张战略不仅仅源于上述三方面的原因，保险产业自身的原因以及来自国际组织等方面的推力也会推动保险集团加快全球化的发展战略。对此，卡明斯和韦纳尔（Cummins and Venard，2008）有一个基本的总结（见表 1-1）。

表 1 - 1 保险市场对外开放的驱动力、原因及效果

驱动力来源	驱动力	原因或效果	案例
保险内部对外开放需求	保险产品创新，全球规模的风险分散	保险产品涉及到跨境流动，如交通、通信等。全球规模的风险愈来愈多	全球环境问题、恐怖主义、全球金融危机
	再保险市场发展推动	避免风险集中，应对全球规模风险	略
	金融中介机构全球化	证券市场全球化推动保险市场投资业务的全球化	略
	解决保险业务循环问题	保险产品价格和利润呈现循环波动，全球化有利于降低业务条线间的相关性，从而缓解循环问题	略
	交通、通信及信息处理技术革新	跨境经营成本减小，前台和后台只需通过网络连接，24 小时经营	略
外部因素	国际组织推动	经济全球化增加了金融危机或债务危机波及到他国的风险，需要超越国家行为体的国际组织干预，帮助摆脱金融危机	1997 年亚洲金融危机；1994 ~ 1995 年墨西哥主权债务危机；1974 年德国危机
	超国家自由贸易区	设立统一监管框架，给予小国的资源比其本国自有的更多	1993 年单一欧洲市场；1995 年北美自由贸易区；1987 年南方共同市场
	私有化	吸引外国投资者，减少外国公司进入障碍	前东欧集团和新兴经济体
	市场快速增长的潜力诱惑	发达国家看好新兴市场发展潜力：未挖掘的市场、更好的风险分散、全球扩张，服务境外客户的欲望	发达国家进驻新兴市场

资料来源：J. David Cummins. , and Bertrand Venard, 2008, Insurance Market Dynamics：Between Global Development and Local Contingencies, Risk Management and Insurance Review, 2008, Vol. 11, No. 2, 295 - 326.

三、保险市场对外开放效应

■■■（一）基本判断

新兴市场国家对外开放保险市场，引进国际保险集团，是其金融自由化的重要内容，对外开放的根本动因是推进本国保险产业的发展，进而推动本国金融产

业的深化。如前所述，金融深化理论是金融自由化的基础理论，而金融深化理论的核心观点是，发展中国家金融抑制行为是其金融产业以及经济发展的重要障碍，放松金融市场管制是金融深化的重要内容。就保险市场而言，引进国际保险集团应该受到欢迎。而根据折中理论，跨国集团 FDI 实现必须具有所有权优势、区位优势、市场内部化优势，跨国保险集团进入的同时将给母国保险行业带来上述优势，进而推动保险市场自由化的进程。另外，从政治角度来看，一些新兴市场国家对外开放保险市场是其政治谈判的重要内容。对于大多数国家而言，保险市场在金融市场中的作用相对较弱，因此在诸如加入 WTO 等谈判中，通常都是首先承诺全面放开保险市场，然后再逐步加大金融市场的对外开放力度，换言之，以"牺牲"保险市场来减缓市场迅速对外开放所带来的冲击，或者将保险市场对外开放作为市场全面对外开放的"试验田"。

关于保险市场对外开放对东道国产生的经济效应主要集中在两个方面：第一，保险市场对外开放对保险产业以及金融产业的影响。虽然前面的论述似乎表明新兴市场国家对外开放保险市场是其金融自由化改革的重要内容，对外开放对保险市场以及金融市场自身的发展而言至关重要，但事实并非如此简单。国际保险集团的进入，理论上说可以带来先进的技术、经验等，对提高保险市场的竞争以及提高保险市场运作效率都有促进作用，但同时，保险市场存在被外资保险集团垄断或者国外保险市场风险传递的可能性，所以，对外开放也面临着风险，甚至面临金融危机的可能性。由此看来，保险市场对外开放对保险产业以及金融产业的影响并不确定。第二，保险市场对外开放带来的间接效应是经济发展，这也是市场对外开放的最终目的。这一目的是否能实现，首先取决于前一效应。大多数研究都表明，保险市场的对外开放有助于促进经济发展。对于这两个效应的分析，我们将在后文进一步展开。

关于保险市场对外开放效应的总体评价，最具代表性的是斯基博（Skipper，1997）对外国保险公司进入对本国市场利弊的总结。他认为，保险市场对本国市场的好处主要体现在五个方面：第一，有助于改善客户服务和价值。由于外国保险公司的进入能提高竞争程度，引进新的寿险产品，如万能寿险、变额寿险等，并且外国参与者能同时带来服务竞争的意识，使得本国保险企业认识到服务竞争比价格竞争更重要，由此能改善客户服务质量，提高客户满意水平。第二，有助于提高国内储蓄水平。由于市场内合格的金融中介机构数量和种类越多，一国的储蓄率也越高，因而外资保险公司的进入有助于储蓄率的提高。第三，有助于转移先进技术和管理经验。一般来说，外资保险公司在承保、营销、定价、投资等各个领域都有技术优势，其进入有助于本地保险公司加强学习，采用新技术，开发新产品，特别是一旦本地企业保持了一定的竞争优势后，外资公司就不得不采用更多新技术和技能与之竞争，从而带动市场的创新浪潮。第四，引进外部的金融资本。由于外资公司的建立会带来资本的进入，因此保险市场对外开放有助于引进外部金融资本。第五，有助于提高本国保险监管质量。自由化并不代表不需要监管，相反，一个自由的保险市场更需要更为详尽与有效的监管。外资保险的进入将推动政府以及保险监管当局提高监管质量①。

斯基博还列举了七种外资进入可能带来的不利影响：第一，外国公司会主导本地市场；第二，外资保险公司会影响本国金融安全；第三，外资保险公司对本国经济的推动作用不会发生；第四，市场对外开放建立在一定的改革基础之上；第五，外资进入之前，内资公司已经能够较好地为消费者提供各项产品与服务；第六，出于战略等方面的考虑，保险市场仍然应该由本国公司所控制；第七，外资保险公司的进入会导致大量的外汇流出②。

■■■ （二）产业发展视角

20世纪70年代以来，在金融市场全球化趋势逐步凸显的背景下，保险市场对外开放、跨国保险集团进入成为新兴市场国家金融改革的重要内容。对于市场对外开放所带来的效应，20世纪六七十年代，以金融深化理论为代表的理论研究者将研究重点放在了市场对外开放所带来的潜在好处上，90年代以来，随着发展中国家市场对外开放程度的逐步提高，分析外资进入带来的实际效应成为研究重点。但是理论和实践关于市场对外开放带来的效应并未达成共识，保险市场对外开放是否对东道国保险业发展有好处，仍然存在争议。

支持保险市场对外开放对保险业存在正向效应的学者的主要观点是，保险市场的对外开放将引入跨国保险集团，对于本国保险市场的主体、产品、服务水平、监管等产生影响，进而提高保险行业的运作效率。（1）在市场对外开放之前，大多数国家保险市场都处于政府高度垄断的状态（如20世纪80年代的中国保险业），金融机构可以通过垄断弥补效率低下的高成本支出，因此保险体系运行效率很低。市场对外开放后外资保险集团的进入打破了原有的垄断格局，市场化竞争主体呈现出多元化特征，市场主体之间的竞争加剧，进而引起市场效率的提高。同时，主体之间的重组并购进一步淘汰了效率低下的金融机构，使

---

① 关于保险市场开放的好处，我们会在产业影响以及对经济发展的影响两个部分做进一步说明，所以这里关于斯基博的观点我们仅做简单介绍。

② 斯基博在《国际风险与保险：环境—管理分析》一书中对保险市场开放可能所带来的不利之处作了进一步的梳理，关于这一点我们将在本章第四部分作进一步论述。需要指出的是，斯基博本人认为对于这些不利之处的担忧并不存在，这一点我们也将在后文做进一步说明。

竞争力较强的企业的管理和组织效能得以释放，从而提升了整个保险市场的效率。（2）提供差异化产品是外资保险集团的比较优势之一，也是其突破国内保险机构垄断势力的主要手段，因此，保险市场对外开放的同时意味着为本国保险市场带来新的保险产品与保险技术。这一方面为消费者提供了新的选择，另一方面也产生了示范效应，促使国内保险机构加快保险创新步伐，而这又会推动外资保险集团进一步提升产品创新能力，从而在产品创新上形成良性循环。（3）外资保险集团进入带来的竞争压力，也会刺激国内保险机构以更加多样化的竞争手段提供质量更好的保险服务，从而大大提升东道国保险市场的服务质量。（4）在保险市场对外开放、外资保险集团进入的同时，原本只涉及国内保险活动的监管体制开始同时考虑国内国际因素的影响，这就要求各国的监管理念和监管原则都应做出相应变化，必须按照国际标准和国际惯例进行管理，提升监管效率。

支持保险市场对外开放正向效应的另一观点认为，保险市场的对外开放可以对保险市场的稳定起到一定作用。外资保险进入后，东道国市场中的风险将由内资公司与外资公司共同分担。当本国市场面临巨灾风险时，外资保险集团强大的资金实力将有利于提高保险市场的支付能力。另外，外资再保险集团进入后，内资保险机构可以通过再保险机制提高其抗风险能力。此外，市场对外开放后，保险市场还可以通过全球范围内的资产证券化等方式进一步降低行业风险，提高产业的稳定性。

支持保险市场对外开放负效应的观点主要是认为，保险市场的对外开放将对保险市场以及金融市场的稳定性产生冲击。首先，外资进入可能给东道国保险体系增加不稳定性。外资保险集团进入后将凭借其产品、技术、服务、商誉等优势获得优质客户，将风险较高的客户留给国内机构，从而增加国内保险机构承担的风险。国内保险集团在竞争中的劣势地位可能会导致其破产倒闭。而如果国内保险市场或经济体系中出现较大危机时，外资保险集团的撤资行为可能会加剧危机的严重性。外资保险集团的进入也使得国外金融风险的传递更加方便，这也会加大东道国市场的不稳定性。此外，跨国集团的经营网络覆盖多国，可能会利用各国的监管差异从事监管套利（regulatory arbitrage），对大型跨国金融机构监管的复杂性加上母国和东道国监管者信息的不对称性，将对东道国监管部门构成多重挑战。其次，跨国保险集团进入将可能严重威胁保险体系以至金融安全、经济安全。跨国保险集团凭借其优势，一旦垄断一国保险市场，不仅不利于东道国幼稚的保险产业的发展，而且在垄断之后的保险市场中，跨国保险集团可能会严重侵蚀东道国的金融主权，改变东道国经济资源的分配格局，对东道国保险以及金融产业的发展、经济的安全都造成不利影响。

从目前的文献来看，关于保险市场的实证研究还比较少，但已有的大量银行业对外开放的实证研究的结论都很不一致（Peek & Rosengren，2000；Goldberg et al.，2000）。关于外资银行对金融效率的实证结果同样众说纷纭，不过，大多数的研究支持外资进入对效率的正向效应（Claessens et al.，1998；Levine，2003）。而关于外资银行进入是否会对东道国金融主权和国家战略利益构成实质性侵害，对特定国家和地区的案例研究得出了迥然不同的结论①。因此，我们认为，对于保险市场而言，由于市场的对外开放总体上来说会推动产业的发展，政府应推动保险的对外开放力度和深度，但与此同时，必须认识到对外开放可能带来的负面影响，因而谨慎对外开放是明智之举。

■■■（三）经济增长视角

保险市场对外开放对于经济增长的作用主要是通过两个步骤实现的：第一，保险对外开放对于保险产业发展的影响；第二，保险发展对于经济增长的贡献。虽然已有的研究对于保险对外开放与保险产业发展之间的关系存在争议，但大多数学者认为保险对外开放将有利于保险市场运行效率的提高。在这一前提下，保险对外开放对于经济增长的作用主要依赖于第二个步骤的实现，即保险发展对于经济增长的作用。一些学者从理论与实证两个角度对这一问题做了分析，这里，我们以斯基博（1999）、海斯和苏梅吉（Haiss & Sumegi，2006）的研究说明。

斯基博（1999）认为，保险为经济发展提供了七种重要的服务：（1）促进金融稳定，减轻焦虑。保险的补偿特性可以为个人、家庭、企业提供经济保障，焦虑心情也可以因此而部分得到缓解，并促进人们心境的平和，提供一种经济安全的感觉。（2）可以替代政府社会安全保障。保险尤其是寿险有益于公共财政，因而通常为政府所鼓励。（3）推动贸易和商务。保险是"商务活动的润滑剂"。现代经济建立在专业化及其内在的生产效率提高上，贸易和商业的专业化程度越高，要求金融专业化和灵活性也越高。如果保险不充分，贸易和商务必然会受到冲击。（4）保险激活储蓄。保险公司尤其是寿险公司，和其他金融中介一样有助于将储蓄资金注入国内投资，从而有助于经济发展。（5）保险促进风险的有效管理。金融体系和中介评估风险，进行风险转移、汇集并降低风险。一国的金融体系越善于提供这些多种多样的风险管理服务，储蓄和投资的刺激作用越大，资源配置就越有效。（6）保险鼓励减损。各国的保险公司都从经济角度出发，

---

① 黄宪、赵征：《开放条件下中国银行业的控制力与国家金融安全》，中国金融出版社 2009 年版，第 60 页。

协助被保险人进行减损和防损。并且，他们掌握着有关造成损失的事件、行为和工艺的详细统计资料及其他知识，在风险评估和控制方面拥有其他企业所不具备的优势。(7)保险推进资本有效配置。保险人决定是否（以及按照什么价格）承保，以及在履行投资者和贷款人的职能时，会收集大量的信息，以便对企业、项目和经理人员进行评估。由于单个储蓄者和投资者可能缺乏时间、资源或能力从事这一信息收集工作，保险人在这一方面具有优势，更善于有效配置金融资本和承担风险。

海斯和苏梅吉（2006）认为，保险或者通过刺激消费和投资而直接地促进经济增长，或者通过改善金融体系的运行效率而间接地促进经济增长，这些效果的实现关键原因在于保险具有五大功能：(1)风险转移功能。这是保险的最基本的功能。通过降低不确定性和波动性，保险公司平滑了经济周期，降低了危机事件对微观主体和宏观经济的影响。进而，保险增加了客户的生产和消费的可能性，这在短期可以导致支出的增加，在长期可以引起收入和经济效率的提高。(2)储蓄替代功能。这个功能与寿险公司的联系最为直观。保险公司的出现在增加了金融市场上的竞争者的同时，也便利了保险客户进行资产组合分散化或储蓄替代活动。储蓄替代的规模取决于保险费的融资方式。如果保险费来自其他金融中介机构的资产，则储蓄替代效应就会发生。同时，由于保险公司的中介活动降低了一个经济必须面对的平均风险，投保人对谨慎性存款的依赖性和储蓄率都将下降，即发生储蓄替代现象。这些变化的结果是，家庭消费增加，市场竞争加剧，经济效率提高。(3)投资功能。保险公司已经并日益成为经济中的重要投资者。保费收入和保险责任支出在短期里通常是相互独立的，灾难的突然降临可能引起费用支出的高峰需求。因此，保险公司从客户手头收取的保费必须以专业的方式进行管理，以便让公司免遭流动性瓶颈和储备贬值之苦。在金融市场上进行专业化的投资便是确保公司平稳经营的重要手段。保险公司投资活动的方式不但影响其自身的总体表现，而且还影响总体经济效率。保险公司的投资活动对资本市场，进而对总体经济具有多种效应，有助于扩大投资品种、延长投资期限、增加投资数量、深化资本市场以及改善金融市场效率。(4)制度催化功能。自由化、私有化和金融混业化也导致保险相对于银行变得越来越重要。银行类业务，特别是寿险公司提供的银行业务，提高了保险部门在资本市场上的重要性。监管机构相应地做出了反应，它们对银行、资本市场和保险公司的监管日益融为一体。(5)衍生产品交易功能。诸如信用保险这样的衍生工具是信用风险转让的成熟手段。在过去的几年里，数量不断增加的信用风险通过信用衍生市场在金融体系内部转移。银行部门是信用风险保护的主要购买者，而为了投资和组合管理的目的，保险部门是信用风险保护的主要销售者。因此，信用风险被大规模地从银行转移到保险公司身上，而银行部门的稳定也就依赖于保险部门的表现和稳定性。这就使得保险公司相对于银行部门在总体经济中发挥了更加关键的作用。

虽然关于保险对外开放与经济增长之间关系的实证研究不多，但有许多研究是针对金融部门的改革和对外开放对宏观和微观经济的影响。相关学者的研究都表明，金融市场的对外开放影响长期增长绩效。（Mattoo，Rathindran & Subramanian，2001；Eschenbach & Hoekman，2005；Arnold，Mattoo & Marciso，2006）由此我们也可以得出一个基本的结论，作为金融市场的重要组成部分，保险市场的对外开放将有助于推动保险产业效率的提升，并推动金融市场的对外开放和效率的提升，最终有利于经济增长。由此，谨慎对外开放保险市场不仅有利于保险产业自身的发展，而且有助于推动经济的健康发展。

四、保险市场对外开放与市场保护

■■■（一）市场保护的原因

从各国的具体实践来看，保险市场的对外开放过程中，各国普遍都存在一定程度的市场保护或贸易壁垒措施，主要原因可归纳为以下几点。

第一，保护国内幼稚服务行业的建立和发展。常见的形式为禁止或限制外国人在本国设立从事保险的企业，或者限制外资保险公司进入国内市场从事的业务范围、经营地域等。这种壁垒不仅来自于发展中国家，也来自于发达国家。对于广大的发展中国家而言，主张限制国际保险业务的人认为外国保险人的进入会控制或动摇本国保险市场。这种观点的三个理论基础分别是：其一，规模经济和范围经济。由于跨国保险集团规模庞大，在许多国家都开展了保险业务，因而他们能够享受规模经济（基于公司有较大规模）和范围经济（基于该公司跨国经营和销售多种类产品）带来的收益。其结果是本地的保险公司无法与之竞争并退出保险市场，使外国保险公司最终控制整个市场。其二，更大的资本来源/效率基础。跨国保险集团的经济实力、技术和管理优势，都可以使外国保险人降低价格，最终将本国的竞争者淘汰出局。这些外国公司的低价可能来自于有效的管理，或者是出于倾销的目的。其三，幼稚产业理论。该理论认为政府应该对国内的所谓"幼稚"产业实施一定的保护，使之免于同国外大公司竞争，直到这些"幼稚"产业得到充分的发展直至"成熟"，足以同国外的公司在相同的基础上公平竞争为止（Skipper，1999）。对于发达国家而言，出于本国利益，有时候也会存在一些限制，例如美国对于外国公司承保部分特殊和高风险保险会有一些特殊规定，具体在本书后文将做进一步阐述。

第二，维持本国国际收支平衡。一国国际收支的平衡反映了该国对外经济关系的利益及稳定，因此各国政府在制定各项政策措施时，无不对此加以考虑。国家加强对资金内外流动和国际保险业务活动的管制，目的在于避免国际游资的剧烈流动给国内金融市场带来不稳定因素，加强对金融市场的干预，维护国内的金融秩序等。

第三，保护国内消费者利益。对外国企业在本国的业务活动实施各种强制性的检查和监督措施，可保障全国消费者免受外国服务供应商的价格垄断和不公平待遇。对保险行业而言，贸易保护对于消费者保护的重要性还不仅于此。由于保险公司，特别是寿险公司的稳定经营关系到消费者的长期利益，而保险行业本身还具有信息不对称的特性，消费者对保险公司的了解是有限的。人们有理由认为政府有责任保护信息不灵通的购买者，所以在外资保险公司开展业务的过程中政府有必要对部分环节进行严格管控。

第四，出于维护国家主权和国家安全方面的考虑。对于现代经济体而言，金融业的稳定发展对于经济的健康发展具有至关重要的作用。保险业作为金融业的重要组成部分，禁止或限制国际保险集团的经营范围，以防止外国保险企业垄断本国保险市场，这是将保险市场对外开放政策同整个国家的对外关系战略综合起来加以考虑而做出的选择。

在有关这些保险市场保护主张的争论中，斯基博的观点最受关注。斯基博（1999）认为限制的理由不成立，理由是：（1）外国公司很难控制本国保险市场，原因是规模经济在大型保险公司很少存在，外国保险集团垄断其他国家国内市场的现象很少，特别是竞争的市场不需要产业保护。（2）合理的监管将确保对外开放保险市场不会对国家安全产生影响。（3）与保险相关的外汇交易有两种情况，一种是直接跨境交易；另一种是建立跨国保险公司进行承保。在第一种情况下，在某一特定年度中，外汇流出可能会超过外汇流入，或者相反，但从长期来看，外汇流出可能会大于外汇的流入。在第二种情形下，保险合同的履行是一种纯粹的国内交易，并不涉及外汇流动。（4）总体来看，外资保险公司的进入由于其会提供新产品从而对消费者提供更好的保护，因此，对经济发展、消费者福利的提高是有好处的。

▨▨▨（二）市场保护的方式

保险属于服务贸易的范畴。有别于有形的货物贸易，服务贸易标的的无形性、不可储存性、生产与消费的同步性等特点，决定了服务贸易壁垒主要有以下几方面特点：（1）以国内立法或政策为主的非关税形式施行；（2）较多对"人"（自然人、法人及其他经济组织）的资格与活动进行限制；（3）由国内各个不同部门掌握制定，庞杂繁复，缺乏统一协调；（4）灵活隐蔽，选择性强，保护力强；（5）除了保护商业贸易的利益外，还强调以国家的安全与主权利益等作为政策目标（林珊，2005）。

根据服务交易模式与影响服务提供和消费的方式，服务贸易壁垒主要包括如下四种形式，保险市场的贸易壁垒也可以采用相对应的贸易壁垒形式。

第一，产品移动壁垒，以限制服务产品移动为主要形式。一般由国家规定服务提供的最高限额，当外国提供者提供的服务超过此限度时，完全阻止外国服务产品进入国内市场，而只用本国服务。通常包括数量限制、补贴、政府采购、歧视性的技术标准和税收制度以及落后的知识产权保护体系等。

在保险市场的国际贸易壁垒中，可以采用数量限制，比如外资保险公司的数量、业务规模等。政府采购则司空见惯，比如要求政府部门在购买保险产品时必须从内资保险企业中获得，以鼓励本国保险企业发展，增强其国际竞争力。歧视性的技术标准或税收歧视意味着要求外资保险公司在与内资保险公司的竞争中要有更高的技术标准和税收标准，即提高外资保险公司的经营成本，达到保护民族保险业的目的。

第二，资本移动壁垒，主要形式有外汇管制、浮动汇率和投资收益汇出的限制等。外汇管制主要是指政府对外汇在本国境内的持有、流通和兑换，以及外汇的出入境所采取的各种控制措施。外汇管制将影响到除外汇收入贸易外的几乎所有外向型经济领域，不利汇率将严重削弱服务竞争优势。对投资者投资收益汇回母国的限制，也在相当程度上限制了服务贸易的发展。

对于外资保险公司实行外汇管制，一个重要目的是防止外资保险公司以增资为名进行投资炒作，从而影响一国金融市场的稳定。对投资者投资收益汇回母国的限制，是一个国家不希望保险市场上财富流出国门的措施选择。虽然政策上可能并不会明文设置资本移动壁垒措施，但在具体运行中，许多国家还是会采用一系列的行政措施，比如通过加大审批难度，以达到资本移动壁垒的间接效果。

第三，人员移动壁垒，包括种种移民限制和烦琐的出入境手续，其中移民政策是指对外国劳工进入本国服务市场所做的限制性政策。近年来，移民导致许多移民流入国家的失业压力和社会矛盾，以及国际恐怖主义的盛行，因此许多国家采取措施减少移民数量。虽然保险市场中的贸易保护政策较少涉及人员移动壁垒措施，但这种保护方式也可以多种形式出现。比如出台限制外国保险企业高管人员的移民政策，以达到培养本国保险人才的目的。

第四，开业权壁垒，又称生产者创业，即禁止外国服务提供商进入某些行业或地区设立机构和提供服务，或者政府对某些行业实行政府垄断，或者禁止外国服务人员进入本国从事职业服务工作，直到东道国所有权占有百分比的规定等。开业权壁垒主要表现在资格限制、股权限制、经营业务的限制以及许可证限制等四个方面。

保险行业中开业权壁垒较为常见。比如目前中国对于外资保险企业在交强险业务方面的限制，合资公司外资持股比例的限制，分支机构设立等方面的限制，都可以视为开业权壁垒。

■■■（三）保险市场对外开放格局

从实际来看，各国保险市场的对外开放程度存在很大的差异。马托（Mattoo，1999）以 105 个 WTO 成员在保险服务领域的承诺进行比较，将各国的承诺分为三个层次：全面限制（full bindings）、有限限制（limited bindings）和无限制（no bindings），并主要以跨界贸易、境外消费以及商业存在等三种模式为对象，构筑了所谓的"自由化指数"，自由化指数介于 0~1 之间，其中 0 代表对上述三种模式的任何一个做出承诺，而 1 代表对上述三种模式都做了全面承诺。马托（1999）的研究主要得出这样的结论：整体上保险市场的自由化指数并不高，全球寿险市场平均为 0.50，非寿险市场为 0.49，低于银行的自由化指数（0.54）；新兴市场的自由化指数（平均低于 0.5）显著低于发达国家（平均高达 0.7）（见表 1 - 2）。

表 1 - 2　　　　　　　　部分国家和地区的保险自由化指数

	寿　险	非寿险
非洲国家平均	0.60	0.58
埃及	0.36	0.24
南非	0.67	0.61
亚太国家和地区平均	0.46	0.46
巴林	1.00	1.00
中国香港	0.67	0.59
印度	0.00	0.10
韩国	0.43	0.48
新加坡	0.12	0.10
东欧国家平均	0.52	0.53

续表

	寿　险	非寿险
保加利亚	0.64	0.66
波兰	0.64	0.56
罗马尼亚	0.64	0.56
拉美国家平均	0.35	0.31
阿根廷	0.00	0.13
巴西	0.21	0.29
智利	0.21	0.19
哥伦比亚	0.21	0.29
墨西哥	0.43	0.38
发达国家和地区平均	0.71	0.697
澳大利亚	0.85	0.69
加拿大	0.64	0.69
欧盟	0.64	0.69
冰岛	0.80	0.64
日本	0.80	0.85
新西兰	0.80	0.85
挪威	0.80	0.64
瑞士	0.80	0.64
美国	0.61	0.64
世界平均	0.53	0.50

资料来源：Mattoo（1999）.

结　语

无论是出于推动本国保险产业发展的目的，还是推动本国经济发展的目的，保险市场的对外开放已经成为当前金融自由化浪潮中重要的内容。理论研究告诉我们，当前国际保险集团跨国经营的最主要动机是市场寻求和风险分散，这也决定了市场对外开放对东道国而言既是机遇也是挑战。为了发展保险产业、推动经济良性循环，新兴市场国家的选择应该是，积极稳妥地对外开放保险市场，合理有度地利用贸易保护措施。

本章参考文献

1. 陈邦强、傅蕴英、张宗益：《金融市场化进程中的金融结构、政府行为、金融开放与经济增长间的影响研究》，载《金融研究》2007 年第 10 期。

2. 陈雨露、罗煜：《金融开放与经济增长：一个述评》，载《管理世界》2007 年第 4 期。

3. ［美］哈罗德·斯基博：《国际风险与保险：环境—管理分析》，机械工业出版社 1999 年版。

4. 黄金老：《金融自由化与金融脆弱性》，中国城市出版社 2001 年版。

5. 黄宪、赵征：《开放条件下中国银行业的控制力与国家金融安全》，中国金融出版社 2009 年版。

6. 林珊：《国际服务贸易壁垒研究》，载《亚太经济》2005 年第 6 期。

7. 刘毅、曹锐钢：《金融开放与经济增长效应研究的文献综述》，载《上海金融》2006 年第 12 期。

8. 王舒健、李钊：《金融开放能促进经济增长吗?》，载《世界经济研究》2006 年第 10 期。

9. 姚莉：《发展中国家经济发展战略与金融对外开放》，载《改革与战略》2001 年第 3 期。

10. 张金清、管华雨、刘庆富：《中国金融市场准入和国民待遇承诺水平的测度研究》，载《经济问题研究》2008 年第 3 期。

11. Arnold, Jens Matthias, Aaditya Mattoo and Gaia Marciso, 2006, "Services Inputs and Firm Productivity in Sub-Saharan Africa Evidence from Firm-level Data", *World Bank Policy Research Working Paper*, No. 4048.

12. Cho, K. R., 1986, "Determination of Multinational Banks", *Management International Review*, Vol. 26 (1), 10 – 23.

13. Claessens, Stijn, Demirguc-Kunt Asli and Harry Huizinga, "How Does Foreign Entry Affect the Domestic Bank Sector?", *World Bank Working Paper*, No. 1918, 1998.

14. Cummins, David, and Bertrand Venard, 2008, Insurance Market Dynamics: Between Global Development and Local Contingencies, *Risk Management and Insurance Review*, 2008, Vol. 11, No. 2, 295 – 326.

15. Deardorff, A., 1985, "Comarative Advantage and International Trade and Investment in Services", *Canada/US Perspectives* (ed.) *R. M. Stern*, *Toronto: Ontario Economic Council*, 1985.

16. Dick, R. and H. Dicke, 1979, "Patterns of Trade in Knowledge", *in International Economic Development and Resource Transfer*, (Ed.) Aierser, H., Tobingen.

17. Dunning, J. H., 1980, "Toward an Eclectic Theory of International Production", *Journal of International Business Studies*, 11 (1), 9 – 31.

18. Dunning, J. H., 1988, "The eclectic Paradigm of International Production: A Restatement and Some Possible Extensions", *Journal of International Business Studies*, Vol. 19, No. l, spring 1 – 31.

19. Dunning, J. H., 1993, "Multinational Enterprises and the Global Economy", *Addison-*

Wesley, Working Paper.

20. Eschenbach, Felix and Bernard Hoekman, 2005, "Services Policy Reform and Economic Growth in Transition Economies, 1990 – 2004", *World Bank Policy Research Working Paper*, No. 3653.

21. Falvey, Rodney E. and Henryk Kierzkowski, 1987, "Product Quality, Intra-Industry Trade an (Im) perfect Competition," *In Henryk Kierzkowski (Ed.), Protection and Competition in International Trade: Essays in Honor of W. M. Corden*, Oxford, 143 – 161.

22. Falvey, Rodney E., 1981, "Commercial Policy and Intra-Industry Trade," *Journal of International Economics*, Vol. 11, 495 – 511.

23. Goldgerg L., et al., 2000, "Foreign and Domestic Bank Paticipation in Emerging Markets: lLssons from Mexico and Argentina", *Working Paper*, 2000.

24. Gray, J. M. and H. P. Gray, 1981, "The Multinational Bank: A Financial MNC?", *Journal of Banking and Finance*, Vol. 5, 1981, 33 – 63.

25. Grubel, G. H., 1977, "A Theory of Multinational Banking", *Bunce Noxional del Lovoro: Quarterly Review*, 1977, 349 – 363.

26. Guillén, Mauro F. and Adrian E. Tschoegl, 1999, "At Last The Internationalization of Retail Banking? The Case of the Spanish Banks in Latin America." *Manuscript, The Wharton School.*

27. Haiss, Peter and Kjell Sümegi, 2005, "The Relationship of Insurance and Economic Growth- A Theoretical and Empirical Analysis", *Paper for presentation at the* 2006 *EcoMod Conference*, Hongkong, June 28 – 30, 2006.

28. Helpman, E. and P. Krugman, 1985, *Market Structure and Foreign Trade*, MIT Press.

29. Hindley, B. and A. Smith, 1984, "Comparative Advantage and Trade in Services", *The World Economy*, 7, 369 – 389.

30. Kaminsky, Graciela and Sergio Schmukler, 2002, "Short-Run Pain, Long- run Gain: The Effects of Financial. Liberalization", *World Bank Working Paper*, No. 2912.

31. Kapur, B. K., 1976, "Alternative Stablization Policies for Less-developed Economies", *Journal of Political Economy*, 84 (4): 777 – 796.

32. Khoury, A. and Andreas Savvides, 2006, "Openness in Services Trade and Economic Growh", *Economics Letters*, 92 (2): 277 – 283.

33. Kindleberger, C. P., 1983, "International Banks as Leaders or Followers of International Business", *Journal of Banking and Finance*, Vol. 7, 583 – 595.

34. Krugman, P. R., 1981, "Intra-industry Specialization and the Gains from Trade", *Journal of Political Economy*, 89, 959 – 978.

35. Lamm-Tennant, J. and M. A. Weiss, 1997, International Insurance Cycles: Rational Expectations/Institutional Intervention, *Journal of Risk and Insurance*, 64: 415 – 429.

36. Levine, Ross, Denying Foreign, 2003, "Bank Entry: Implications for Bank Interest Margines", *Central Bank of Chile Working Paper*, 2003.

37. Linder, S., 1961, *An Essay on Trade and Transformation*, New York: Wiley and Sons.

38. Mattoo, Aaditya, 1999, "Financial Services and the WTO: Liberalization Commitments of the Developing and Transition Economies", *World Bank Policy Research Working Paper*, No. 2184.

39. Mattoo, Aaditya, Randeep Rathindran and Arvind Subramanian, 2001, "Measuring Services Trade Liberalization and Its Impact on Economic Growth: An Illustration", *Working Paper*.

40. Maxwell, J. , 1980, "Saving Investment, Growth and Cost of Financial Repression", *Word Development*, 8: 317 – 27.

41. McKinnon, R. I. , 1973, *Money and Capital in Economic Development*, Washington, DC; Brllkings Institution Press, 1973.

42. Moshirian, F. , 1994, "What Determines the Supply of International Financial Services?" *Journal of Banking and Finance*, Vol. 18, 495 – 504.

43. Moshirian, F. , 1993, "Determinants of International Financial Services", *Journal of Banking and Finance*, 17 (1): 7 – 18.

44. Moshirian, F. , Donghui Li, and Ah-Boon Sim, 2005, "Intra-industry Trade in Financial Services", *Journal of International Money and Finance*, 24 (7): 1090 – 1107.

45. Peek, J. and ES Rosengren, 2000, "Implications of the Globalization of the Banking Sector: the Latin American Experience", *New England Economic Review*, Isssue, Sep. 45 – 62.

46. Sapir, A. and E. Lutz, 1981, "Trade in Services: Economic Determinants and Development Related Issues", *World Bank Staff Working Paper* No. 410, 1981

47. Show, E. , 1973, *Financial Deepening in Economic Development*, Oxford: OxfordUniv. Press.

48. Skipper, Harold D. 1996, "Internatonal Trade in Insurance", In: *International Financial Markets*, *Eed: Claude Barfield*, Washington: Amercian Enterprise Institute Press.

49. Skipper, Harold D. , 1997, "Foreign Insurers in Emerging Markets Issues and Concerns", IIF *Center for Risk Management and Insurance Occasional Paper*.

50. Standard & Poor's, 2006, Global Reinsurance Highlights (*London: Reactions Publishing Group*).

51. Terrel, H. , 1979, "U. S. Banks in Japan and Japanese Banks in the United States: An Empirical Comparison, Federal Resolve Bank of San Francisco", *Economic Review*, Summer, 18 – 30.

52. Vicente, Galbis, 1977, "Financial Intermediation and Economic Growh in Less-developed Countries: A Theoretical Approach", *Journal of Development Studies*, 13 (2): 58 – 72.

第二章

中国保险业对外开放的
演进与评价

引 言

三十多年的改革开放带来了我国经济社会的深刻变化，也为我国保险业发展注入了新的生机和活力。作为我国金融业中开放时间最早、开放力度最大、开放步伐最快的行业，保险业保持了年均30%左右的增长速度，是国民经济发展最快的行业之一。伴随着对外开放进程的不断深入，保险业对外开放的积极作用逐步发挥，并且得到了全行业的广泛认同。

本章将从历史纵向的视角，对中国保险业对外开放历程进行考察和总结。可以说，开放背景下的转型决定了保险业从一开始恢复发展就不可能偏安一隅、避开国际化的趋势。对外开放与对内改革始终是我国保险业发展的两条根本主线。总体来看，中国的对外开放采用了贸易优先开放、然后金融开放的次序。虽然总体而言，保险业的开放起步较晚，但保险业作为金融业开放的排头兵，开放力度很大、步伐也非常快。那么，中国对外开放的整体部署和开放观是如何影响保险业开放进程的？经过了三十多年、特别是入世后十年的开放，中国的保险市场呈现出什么样的开放格局？对外开放对众人关心的产业安全、金融安全、行业竞争力等又产生了什么样的影响？回答这些问题，是本章的出发点和研究目的。

一、入世前中国保险业对外开放的探索与实践

要理解保险业对外开放过程中的各种理念之争、各种制度出台的

背景，必须对中国保险业对外开放的历史脉络有一个清晰的把握。如果从中国保险业发端之初来回顾这段历程，很多观点和具体做法都可以找到其根由。

■■■ （一）中国保险业的发端与开放[①]

历史地看，中国现代保险业是"舶来品"，其在中国的发展一开始就是与对外贸易相关的，是开放的产物。由于海上贸易的发展需要保险的支持，作为中国最早的通商口岸——广州，成为中国保险业的缘起地。1805 年，英国商人在当时南方对外贸易的唯一口岸——广州设立了"谏当保安行"，这是中国第一个具有现代意义的保险公司。鸦片战争（1839～1842 年）之后，中国的门户被迫打开，上海以其地理优势成为对外贸易的中心，也相应成为了清末保险业的中心。

然而，鉴于中国极端羸弱的国力，当时的对外开放是被强迫的，那种丧失独立主权条件下的、不平等的"对外开放"使中国付出了惨重的代价。仅从保险业来看，由洋行代理的国外保险机构长期垄断中国保险市场，甚至于保单条款都全部用英文书写，外资公司也在中国市场上攫取了大量的利润。洋务派首领李鸿章曾感言，欲求富国自强，"须华商自立公司，自建行栈，自筹保险"。在利益驱动和民族感情的双重作用下，如何发展民族保险业，成为这一阶段保险业对外开放过程中的焦点问题。

1865 年，上海华商义和公司保险行创立，成为中国第一家民族保险公司，打破了外商独占中国保险市场的局面。1875 年保险招商局成立，开中国人自己经营船舶、货栈、货物运输保险之先河。自办保险获得了民族工商业的支持和欢迎，保险业务迅速拓展，中国民族保险业也由此逐步发展。不过，直至新中国成立之前，中国保险业基本为外国资本所控制。资料显示，1949 年外资保险公司的市场份额（以保费收入衡量）为 62%[②]。

总体来看，现代保险业在中国发端之初，整个市场原本就是全方位开放的，但这种开放是被动的、不平等的，且带有耻辱性的色彩。从闭关自守、大国心态盛行，到被西方的坚船利炮攻破国门，中国人从天朝上国的迷梦中惊醒，对西方的态度也有了转变。有改革意识的思想家和官僚对西方的立场基本定位在：尽管中国战败，但中国传统的政治、经济体制、儒家思想及其伦理道德优越于西方，而西方的制造技术比中国先进；因而中国的发展应中西结合，

[①] 本节资料引自中国保险学会、中国保险报编著：《中国保险业二百年（1805～2005）》，当代世界出版社 2005 年版。

[②] 本节资料引自中国保险学会、中国保险报编著：《中国保险业二百年（1805～2005）》，当代世界出版社 2005 年版，第 159 页。

以中学为根本，学习西方先进技术。受到这种大环境的影响，这段时期对对外开放的主要看法是"中学为体，西学为用"，必须在借鉴西方经验的同时、大力发展民族保险业。

■■■（二）经济转型与保险业开放的原动力

➡ 1. 经济体制改革与保险业的恢复发展

新中国成立后，洋商保险公司的业务来源被切断，在中国市场难以生存，从而自动撤出。1949 年 10 月 20 日，新中国历史上第一家国有保险公司——中国人民保险公司成立，取得了一定的发展。但是，保险制度内生于市场经济[1]，换言之，只有在市场经济条件下，保险业才有存在的必要性和发展的空间。在传统的计划经济体制下，国家掌握着最大份额的资源，资本积累、投资与经济增长完全是国家的事情，企业和个人的经济安全也顺理成章地成为国家及国家所属企业的事务。既然国家拥有这种有力的制度性风险管理安排，那么，无论是企业还是个人，就都不会产生对商业保险产品的需求。因此，保险发挥作用的空间不断萎缩，1959 年起全面停办了国内保险业务，只保留少量涉外业务，而且主要是可以吸收外汇的出口业务。

1978 年底，中共十一届三中全会召开，中国开始了经济体制改革和大规模的经济建设。伴随经济体制转型的开始，我国的所有制结构发生了深刻的变化，非国有经济逐渐取代了国有经济的规模主体地位，多元化的分散决策体制逐步形成，市场机制在经济资源配置方面的重要性也在与日俱增，这些变化创造了巨大的保险需求、进而创造并支撑了保险市场。1979 年，中国人民银行等部门联合下发了《关于恢复国内保险业务和加强保险机构的通知》，停办二十多年的国内保险业正式恢复。

正是因为中国的经济体制转型是在经济全球化和经济信息化的时代背景下进行的，这决定了我国保险业一开始发展就面临着开放的大环境；面临着对外开放的机遇和挑战。

➡ 2. "机遇论"与开放动力

从 1980 年起，我国开始允许一些外资保险公司在华设立代表处，主要负责

---

① 孙祁祥、郑伟等著：《保险制度与市场经济——历史、理论与实证考察》，经济科学出版社 2009 年版。

母公司与中国保险业的沟通、对中国保险市场进行考察研究、为中国保险公司培训人员、支持中国保险教育事业发展。这被视为保险业对外开放的起点——虽然开放程度很低，但展示出了对开放的态度。

20世纪80年代，在中国经济的对外开放问题上，"机遇论"占据了上风，即强调和平与发展的国际环境是我国发展的难得机遇，应予以有效利用。邓小平（1993）作为改革开放的总设计师，也为对外开放定了性："经验证明，关起门来搞建设是不能成功的，中国的发展离不开世界。"[1]"对外开放具有重要意义，任何一个国家要发展，孤立起来，闭关自守是不可能的，不加强国际交往，不引进发达国家的先进经验，先进科学技术和资金，是不可能的"。向西方学习，利用西方的技术和资金，成为中国对外开放最初的动因。但在开放初期，实际还是特别强调"西"为"中"用。"我们一方面实行开放政策；另一方面仍坚持新中国成立以来毛泽东主席一贯倡导的自力更生为主的方针。必须在自力更生的基础上争取外援，主要依靠自己的艰苦奋斗。"

在国际市场主体看来，中国因为其廉价的劳动力市场、优惠宽松的投资条件和政策，以及自身潜在的巨大消费市场，成为发达市场主体追逐的目标。特别地，对外资保险公司而言，由于具有庞大的人口基数、巨大的经济增长潜力，而且保险市场还远未开发，中国市场也意味着"机遇"。无论是出于追随客户的需要，还是出于开发新利润来源的渴求，大型跨国保险集团都致力于推动中国保险市场的开放。

在这种背景下，对外开放对中国保险业而言，生出了两层含义。一方面，西方发达保险市场的各种信息，通过多种形式进入中国，包括：（1）跨国贸易、投资、金融服务等经济领域的活动；（2）旅游、留学、劳动人口、派遣等人的交流；（3）政府有意识进行的体制引进；（4）发达国家和国际机构等外部力量的活动与支持，等等，成为中国保险业发展的有益借鉴。另一方面，半殖民地半封建社会状态下被迫开放所造成的阴霾犹在，"西学为用说"占据主导地位，中国对外开放过程中特别关注国家经济金融主权。因此，保险业的对外开放从一开始就必定是谨慎的，必定高度关注外资保险公司进入后对内资公司的"冲击"及对金融体系安全性的影响。

3. 国际金融自由化与开放压力

自20世纪80年代以来，以资本价格、市场业务、资本流动自由化等为基调的金融自由化成为世界经济发展的潮流之一。究其原因，从第二次世界大战到

---

[1] 邓小平：《我们的宏伟目标和根本政策》（1984年10月6日），《邓小平文选》第3卷第78页。

20 世纪 70 年代，西方资本主义国家普遍经历了一个经济高速增长的"黄金时期"，各主要工业国家的 GDP 平均增速为 7% ~ 10%，发达国家为了解决市场深化进程中出现的金融结构与金融管理体制的矛盾与冲突，开始推进金融重构工程，具体措施就是解除部分金融管制措施，实施利率、货币、金融业务和金融市场等全方位金融自由化、国际化战略。这种以金融创新为特点的自由化，对中国保险业的发展不仅有示范作用，也构成开放的外在压力。金融体系的改革和发展，不仅要考虑具体国情，还必须考虑如何与国际接轨。

中国作为后起的发展中国家，为了使政府有效控制资源，为经济起飞创造条件，存在着金融抑制。但随着经济发展的加快和市场体制的日益健全，其弊端则越来越明显，其中最大的弊端就是金融机构的效益得不到提高，从而限制了金融部门的发展，对经济起飞构成了"瓶颈"。为了解决落后的金融制度与经济发展之间的矛盾，解除金融抑制也成为必然。

在外部竞争和内部追求效率的需要两方面的合力之下，将中国保险业的对外开放推向深化成为历史必然。但是，如果说发达国家的金融自由化是其经济自由化发展的组成部分，源自经济体系内部力量推动的话，那么，由于转型期中国市场经济体系的不发展、不完善，中国保险业对外开放的主要原动力还是政府的推动。

■■■（三）保险业对外开放的探索与试点

与中国经济体制转型的路径一样，中国保险业也是采用了"探索式"开放的途径，经过先试验后推广，沿海局部地区先行，到开放沿海、沿江、沿边、内陆地区，由外而内、由浅入深、由局部到整体，采取的是分步骤、多层次、逐步开放的路径，而对外开放的具体战略和方针则可以说是在不断调整的过程中逐步明确下来的。1992 年，国务院选定上海作为第一个保险对外开放试点城市，标志着保险业的开放进入初期准备阶段之后的试点阶段①。同年

---

① 从表面上看，香港民安保险有限公司于 1982 年在深圳设立分公司，是改革开放后首家进入内地保险市场的境外保险公司。但究其历史，香港民安乃上海民安产物保险有限公司香港分公司改组而成，更准确地说，它是首家获准在中国内地经营的在港中资保险公司。因此，鲜有研究者将香港民安的进入视为中国保险业对外开放的起点。2004 年 5 月 10 日，香港民安深圳分公司正式获准改建为民安保险（中国）有限公司，成为全国性外资财产保险公司；2006 年，民安中国经财政部和保监会批准，正式确认为国有独资保险公司企业性质，按中资保险公司身份进行管理。2011 年，海口美兰国际机场、渤海国际信托有限公司、上海恒嘉美联发展有限公司、宁波甬升进出口有限公司、陕西东岭工贸集团股份有限公司、金达信用担保有限公司组成联合受让体，受让原独资股东中国太平保险（香港）有限公司持有的公司全部股权，完成改制，也解决了太平保险集团拥有太平财险和民安保险"双牌照"的问题。

7月，中国人民银行发布《上海外资保险机构暂行管理办法》①，对外资保险公司设立的条件、业务范围、资金运用以及对外资保险公司的监管等做出了较为明确的规定，成为这一时期对外资保险公司进行管理的重要依据。此后，开放试点范围亦逐渐扩大②。

在保险业开放的探索与试点阶段中，最具标杆意义的事件莫过于1992年10月，美国友邦首家获准在上海经营寿险及非寿险业务③，这是改革开放后第一家进入中国保险市场的外资保险企业，意味着中国第一次允许外资公司以商业存在的方式在华提供保险金融服务。1995年，国务院将保险对外开放的试点城市从上海扩大到广州，之后，广州、天津等城市也参照适用该办法。

到了20世纪90年代，在对待开放的问题上，国人的主导理念已经由"机遇论"过渡到了"接轨论"，开始强调按国际惯例办事，与国际经济一体化，对外开放的步伐也进一步加快了。在理念上做好了与国际接轨、遵守国际经贸游戏规则的准备，入世也提上日程。

二、入世承诺的履行与保险业对外开放的深化

2001年12月11日，中国正式加入世界贸易组织（WTO）。根据《服务贸易总协定》（General Agreement on Trade in Services，GATS）对服务贸易（Trade in Service）的定义，服务贸易包括四种服务提供的方式：即跨境交付（cross boarder supply）、境外消费（consumption abroad）、商业存在（commercial presence）以及自然人流动（movement of natural persons）。由于保险服务交易中有很大一部分要求服务者和消费者位于同一地点，商业存在可以说是最为重要的一种服务提供方式，所以，对保险业而言，入世所带来的最直接影响就是外国服务提供者在境内商业存在的开业和经营。在入世协定书中，保险业在外资企业设立形式、经营地域、业务范围、法定分保、营业许可发放等方面做出了高水平、宽领域、分阶段的具体开放承诺。

---

　① 已于2008年2月3日废止。

　② 需要说明的是，从严格意义上来讲，本研究所说的"外资公司"，是指企业登记注册类型的为外商投资公司，而在改革开放以来，我国一直将港澳台资企业比照外资企业管理，因此本研究中的外资也包括港澳台资本。

　③ 1997年，根据保险法的规定，产、寿险机构需单独分设。为合规的需要，自1997年12月1日起，原友邦财产部剥离出来，领取营业执照，成为美亚保险公司上海分公司，从事财产保险经营；而友邦（AIA）上海分公司则从事寿险业务。

■■■ （一） 入世承诺概要①

➡ 1. 市场准入限制

在跨境交付方面：除再保险、国际空运、海运及运输保险、大型商业险经纪、国际海运、空运及运输保险经纪、再保险经纪等业务外，不作承诺。在境外消费方面：保险经纪不作承诺，其他没有限制。在自然人流动方面：除水平承诺（Horizontal commitments）中的内容以外，不作其他承诺。

在商业存在方面做出以下承诺。

首先，关于企业的设立形式。在中国加入 WTO 时，允许外国非寿险公司在中国设立分公司或者中外合资公司，中外合资公司外资所占股权比例可以达到51%；中国加入后 2 年内，允许外国非寿险公司设立独资子公司，即没有企业设立形式限制。允许外国寿险公司在中国设立中外合资公司，外资所占股权比例可以达到50%（即不得超过50%），外方可以自由选择合资伙伴。中外合资企业投资方可以在承诺减让表范围内自由订立合资条款。对于大型商业险、国际海运、空运及运输保险和再保险经纪，加入时，中外合资保险经纪公司外资所占股权比例可以达到50%；中国加入后 3 年内，外资所占股权比例可以达到 51%（即不得超过51%）；加入后 5 年内，允许设立外资全资子公司；其他经纪服务不作承诺。随着地域限制的逐步取消，经批准，允许外资保险公司设立分支机构。内设分支机构不再适用首次设立的资格条件。

其次，设立企业的地域限制。加入时，允许外国寿险公司、非寿险公司和保

---

① 本研究关注的焦点是入世对保险业的含义与影响。而中国在利用世贸组织这种多边贸易体制推进贸易自由化的同时，也在不失时机地利用世贸组织对区域经济一体化的例外规定，与周边国家和自由关税区建立更紧密的经贸关系。例如，2003 年，我国先后签署了《内地与香港关于建立更紧密经贸关系的安排》和《内地与澳门关于建立更紧密经贸关系的安排》及附件文本，简称 CEPA，在货物贸易和服务贸易的自由化、贸易投资便利化等方面走得更远。就保险业而言，允许港澳保险公司经过整合或战略合并组成的集团，按照内地市场准入的条件（即集团总资产 50 亿美元以上，旗下任何一家港澳保险公司的经营历史在 30 年以上，且其中任何一家港澳保险公司在内地设立代表处 2 年以上）进入内地保险市场；允许港澳居民中的中国公民在取得内地精算师资格后，无须获得预先批准，可在内地执业；允许港澳居民在获得内地保险从业资格并受聘于内地的保险营业机构后，从事相关的保险业务。CEPA 合作内容有望在未来进一步扩展到东盟自由贸易区等范围。从实践来看，虽然 CEPA 没有包括台湾地区，但实际操作中往往是比照执行的。2010 年 1 月，又签署了《海峡两岸经济合作框架协议》（ECFA），在保险等 11 个服务行业扩大对台湾的开放，允许台湾保险公司通过整合和战略合并组成集团，来确认是否满足内地准入资格，各种自由化措施更为"名正言顺"。富邦财险成为 ECFA 通过后，第一家于大陆核准设立的台资保险公司，由台湾富邦产物保险公司与富邦人寿共同出资人民币 4 亿元设立。

险经纪公司在上海、广州、大连、深圳、佛山提供服务；中国加入后 2 年内，允许外国寿险、非寿险公司和保险经纪公司在北京、成都、重庆、福州、苏州、厦门、宁波、沈阳、武汉和天津提供服务；中国加入后 3 年内，取消地域限制。

第三，企业的业务范围。加入时，允许外国非寿险公司提供没有地域限制的"统括保单"和大型商业保险；允许提供境外企业的非寿险服务、在中国外商投资企业的财产险、与之相关的责任险和信用险服务；中国加入后 2 年内，允许其向中国和外国客户提供全面的非寿险服务。允许外国寿险公司向外国公民和中国公民提供个人（非团体）寿险服务；中国加入后 3 年内，允许外国寿险公司向中国公司和外国公民提供健康险、团体险和养老金/年金险服务。

最后，企业营业许可的发放。加入时，营业许可的发放不设经济需求测试或者数量限制。申请设立外资保险机构的资格条件为：第一，投资者应当为在 WTO 成员方超过 30 年经营历史的外国保险公司。第二，必须在中国设立代表处连续 2 年。第三，在提出申请前一年的年末总资产不低于 50 亿美元。对于保险经纪公司，年末总资产应当超过 5 亿美元；加入后 1 年内，总资产应当超过 4 亿美元；加入后 2 年内，总资产应当超过 3 亿美元；加入后 4 年内，总资产应当超过 2 亿美元。

2. 国民待遇限制

在商业存在方面，外资保险公司不得经营法定保险业务；中国加入 WTO 时，必须就非寿险、个人事故和健康保险的基本风险的所有业务向一家指定的中国再保险公司进行 20% 的分保；加入后 1 年，分保比例为 15%；加入后 2 年，分保比例为 10%；加入后 3 年，分保比例为 5%；加入后 4 年，取消强制分保。除此之外没有其他限制。

在自然人流动方面：除水平承诺中的内容以外，不作其他承诺。

3. 其他约束

除了要遵循具体承诺表中的以上规定以外，中国还应当遵守 GATS 及其《关于金融服务的附件》、《关于金融服务的第二附件》①和《关于金融服务承诺的谅解》等有关国际协议中的有关义务和权利，包括应履行最惠国待遇原则、透明度原则、国民待遇原则，等等。根据《关于金融服务的附件》规定，GATS 的原则性规定不得阻止成员方为审慎原因在国内法规中采取必要的措施，包括为保护投资人、存款人、保单持有人或者金融服务提供者对其负有信托责任的人而采

---

① 《关于金融服务的第二附件》规定，成员方可以在 WTO 协定生效之日起 60 天内，增加《关于 GATS 第 2 条豁免的附件》内容和改善、修改或者撤销减让表中的有关金融服务的承诺。

取的措施，为保证金融体系完整和稳定而采取的措施。

■■■ （二）对外开放的深化对中国保险业的含义

➡ 1. 更加激烈的竞争环境

加入世贸组织对中国保险业的影响首先在于，入世之后，将有更多的市场竞争主体在共同的游戏规则下在中国的保险市场上竞争，竞争无疑将比以往更为激烈。就在 2001 年 12 月 11 日中国正式加入 WTO 的当天，纽约人寿保险公司、美国大都会人寿保险公司获准筹建合资寿险公司。美国国际集团（AIG）同日独得四张营业执照。在此之前，荷兰国际集团（ING）已经获得在广州营业的牌照。创立于 1929 年的民族保险企业太平人寿保险有限公司，也陆续在上海、北京、广州和成都恢复寿险业务经营。

中国的保险业从恢复发展到入世，只有短短二十余年的时间，尚处于发展初期，还没有完全市场化，规模小，资金实力弱，偿付能力普遍不足，在生产率、经营管理与技术水平、人才储备等各方面都远远落后于发达市场保险公司，寿险业更是有沉重的利差损包袱。中资保险企业在尚未成熟且积疾缠身之际就面临来自国外发达保险业的激烈竞争，自然地引发了对产业安全的担心。

所以，在入世之初，有相当一部分人认为，中资保险公司面对外来强大的竞争对手，还没有具备免疫力，这个时候"引狼入室"，保险行业的安全堪忧，而外资公司的进入将会严重威胁内资保险公司的发展。这种对于开放的恐慌并不只是零星的、偶然的，甚至于在一定程度上影响了保险业对外开放政策的思路。"安全论"占据上风。比如，在政府层面，强调开放过程的可控性，以避免外资对国内市场带来过多的负面冲击。入世协议承诺的保险业开放力度较大，但经过激烈的讨价还价，我国还是守住了一些重要的关口，例如拒绝了外方提出的每年必须开放若干家外资保险公司，只承诺按审慎原则审批准入，实际上是表明态度、明确责任、对一些原则性问题做出了规定；在具体操作上，监管部门仍然掌握了主要的审批权限，在主动开放的大原则下，对具体策略和行动较为谨慎，以此方式控制了开放的实际进程。

当然，在注意到入世会对保险业发展带来挑战和威胁的同时，"鲶鱼效应说"和"机遇说"也有一定影响力。孙祁祥（2002）[①] 等指出，保险业的更进一步开放不会对中国金融和经济安全构成威胁。中资企业可以通过学习外国企业

---

① 孙祁祥：《对保险业"入世"若干问题的思考》，载《热点研究》2002 年第 1 期。

先进的技术、管理经验等来提升自己的水平；而通过竞争主体的增加和公平竞争的市场规则被引入，使得参与"游戏"的各个主体（包括政府、企业）都要按照国际通行的游戏规则来行事，由此为建立一个有序竞争的市场环境，最大限度地消除各种垄断、保护、不公平因素，增强企业的竞争意识和竞争能力，提高市场效率提供了前提条件。

➡ 2. 法治建设的外在推动力

加入有着一整套较为完备的基本法律原则和法律框架的世界贸易组织，对中国的意义不仅限于经济范畴，它使得中国在法治建设上面临了一种前所未有的、强大的外在动力。GATS 第 6 条第 1 款、第 4 款和第 7 条第 1 款规定透明度原则，要求政府管理职能的转变和法律制度公开透明，要求成员方国内有关的法律、法规以及经济主体的资格认可透明化，法律、法规、规章的制定、修改、废止必须及时地公开和通报，并应将有关法令、规章或行政指令等迅速地报告给服务贸易理事会，还应建立相应的机构和机制来确保这种公开和通报的全面与及时，便于为社会公众所了解。

在开放市场方面，中国设有 2～5 年的过渡期；但在透明度、执法及司法审查制度方面的承诺，自加入 WTO 之日起即开始生效。入世前后，中国政府清理修改了 2 300 多项法律法规，这是中国有史以来最大规模的法律文件清理，标志着我国从"国内立法为主"向"国内立法与国际规则接轨"的重要转折。具体到保险业而言，一方面要对既有法律法规进行调整和修订，以适应履行入世具体减让承诺的要求；另一方面则是加强对保险业规制的内容、措施、手段和程序等方面的制度建设，提升透明度，以免在国际保险合作和竞争中陷入被动局面。

■■■ （三）入世承诺的履行与恐慌论的式微

加入世贸组织后，保险业进入了全方位对外开放的新阶段，由有限范围和领域内的开放，转变为全方位的开放；由以试点为特征的政策性开放，转变为在法律框架下可预见的、与世贸组织成员之间的相互开放。为适应加入世贸组织的新形势，国务院于 2001 年 12 月颁布了《外资保险公司管理条例》，首先形成了入世后我国政府对外资保险公司的基本监管框架，为进一步扩大保险市场对外开放、加强对外资保险公司的管理提供了法律依据。之后 2002 年修订并发布的《中华人民共和国保险法》、2004 年 6 月 15 日起同时施行的《保险公司管理规定》以及《外资保险公司管理条例实施细则》（以下简称《实施细则》），为外资保险公司在我国的市场准入和经营发展提供了更为明确的法律依据。

入世十年以来，中国政府严格履行了入世承诺。2003 年 10 月，中怡保险经纪有限责任公司成立，这是外国保险经纪公司（美国怡安保险（集团）公司）首次获准在我国设立营业机构，标志着我国的保险经纪业务领域也已正式对外开放①。从 2003 年底开始，外国非寿险公司在华设立营业机构的形式已无限制，也就是在原有的分公司和合资公司形式基础上，增加了独资子公司。2004 年 5 月，中国保监会发布了《关于外国财产保险分公司改建为独资财产保险公司有关问题的通知》，允许此前已经设立的外资产险分公司在符合一定条件的前提下，改建为独资保险公司，即所谓"分转子"②。从 2004 年底，入世三年过渡期结束，中国保险业进入全面开放阶段，除了外资产险公司不得经营法定业务、外资设立寿险公司必须合资且股比不超过 50% 等限制外，对外资没有其他限制。同期，国际监管合作也不断加强，中国保险监督管理委员会先后加入国际保险监督官协会（IAIS）和国际养老金监督官协会，积极参与国际保险监管规则讨论与制定，特别是在保监会主席吴定富于 2008 年当选 IAIS 的执行委员会成员后，保监会参与国际规则制定的力度不断加大。

从这十年间保险业的发展来看，对外开放成为保险业改革的重要动力来源之一。在保险市场全面逐渐开放、国内保险公司竞争力相对较弱的前提下，发挥后发优势、加快改革、加快发展成为保险业生存和发展的唯一出路，否则中资公司将会毫无竞争力，将庞大的市场"拱手让人"。可以说，对外开放是"倒逼"我国保险业对内改革的重要动力。因此，在对外开放不断深化的同时，中国保险业也取得了飞速的发展，从 2001 年到 2010 年，保费收入从 2 109 亿元增长到 14 527.97 亿元，资产总额也从 4 591 亿元增长到 5.05 万亿元。之前所担心的中资公司不堪一击的局面并未出现，相反还因为更激烈的竞争、对西方发达市场做法的引入和模仿等取得了长足的发展。在保险业的不断改革中，保险公司的竞争力不断提高，中资保险公司和外资保险公司竞争力的差距逐渐缩小，使我国保险业在对外开放中保持本国保险公司的竞争地位和市场份额成为可能，从而为我国保险业的进一步对外开放提供了基本保障，恐慌论逐渐式微。

---

① 实际上，除了以成立合资或独资公司的形式进入之外，外资中介机构还以其他形式参与中国市场。例如，以顾问公司模式参与，早在 1993 年 5 月，就有英国塞奇维克集团被批准设立"塞奇维克保险与风险咨询有限公司"，为外商投资企业提供保险咨询与风险管理服务，应国内保险公司要求安排各类国际再保险业务。而在 CEPA 签署之后，港澳保险中介快速进军内地，香港资深保险高管层携带技术和资本涌入内地保险代理行业，大多选择以内地亲友名义持股在内地申请设立保险代理公司，更有很多中资公司直接使用港澳台地区的培训讲师、培训模式。

② 在机构及业务拓展过程中，独资子公司形式由于具有与中资公司一样的一级法人资格和更大的营运自主权，因而受到了外资产险公司"青睐"，一些早先以分公司形式进入中国的外国产险公司纷纷提出了"分转子"申请。

■■■（四）中国的崛起与对外开放新阶段

经过改革开放三十多年的持续快速发展，中国的经济实力发生了巨大的变化。2008 年国际金融危机爆发以来，中国崛起的态势更趋明显，成为国际舞台上的一大亮点。日本内阁府 2011 年 6 月公布的数据显示，2010 年日本名义国内生产总值（GDP）为 479.2 万亿日元，约折合 5.46 万亿美元，低于中国的 5.88 万亿美元①，排名全球第三。中国正式超越日本，成为世界第二大经济体。另有 2009 年数据表明，中国的石油生产量排名世界第五位，石油消费量排名全球第二位，军费支出排名世界第二位，已经成为名副其实的大国②。

当然，今日之中国还不能称得上是具有全球性影响力的新兴强国。且不谈中国 GDP 总量只是排名第一的美国 GDP 总量的 40%，也不论中国的人均 GDP 国际排名近几年都处于 90 ~ 100 位之间③；历史地看，新兴大国崛起至少具有以下两个共性特征：第一，新兴大国的全面现代化水平都走在当时世界的前列；第二，新兴大国擅长创新，能够引领世界潮流，并在某些领域具备领先优势。而据世界经济论坛（2010）研究，中国目前仍处在经济发展的第二阶段，即经济增长主要来源于效率驱动，尚未达到第三阶段，即创新驱动增长阶段。另外，要判断一国强弱，GDP 总量并不是一个可靠的衡量指标，用综合国力指标来判断能够更为准确地反映现实④。根据美国丹佛大学帕蒂国际预测中心（The Frederick S. Pardee Center for International Futures）的估计，2010 年中国的国力指数（national power index）为 12.67，相当于美国的 59%⑤；另据李少军（2009）对西方七大工业国和"金砖四国"的比较研究，美国的综合国力遥遥领先，中国则排名世界第七位，长项在于庞大的人口基数提供了充足的劳动力，军事排名也名列第二（不过，即便是排名如此靠前的军事实力，也仍然只相当于美国的 37%）⑥，其他分项目指标都处于中下游。

---

①　根据国家统计局《2010 年国民经济和社会发展统计公报》，2011 年 2 月 28 日数据折算（2010 年人民币对美元汇率中间价年均为 6.7695）。

②　李慎明、张宇燕主编：《全球政治与安全报告（2011）》，社会科学文献出版社 2011 年版，第 27 页。

③　资料来源：世界银行数据库。

④　当然，采用何种综合定量的方法才能够准确而充分地反映综合国力的状况或水平，这一问题尚未得到根本的解决，各方研究采用不同的计算方法，其结果亦有不同程度的差异。

⑤　The International Futures（IFs）modeling system，version 6.41。

⑥　军事排名靠前的主要原因在于军队人数多，装备数量大，且军费名列前茅。参见李少军：《综合国力评估（2009 年）》，收录于李慎明、王逸舟主编：《全球政治与安全报告（2010）》，社会科学文献出版社 2010 年版，第 258 ~ 276 页。

但是，随着 GDP 排名的上升，中国作为经济大国的地位已经不容置疑。随着中国经济规模的快速增长，与外部经济相互依赖和共同发展的关系进一步深化，原有的国际利益关系也在变化。进入这样一个发展阶段，中国所处的国际社会态度并不能用"友好"来概括。实际上，在中国崛起的进程中，西方始终存在着一种质疑、防范甚至遏制的声音，在不同时期分别出现了所谓的中国崩溃论、中国威胁论等各种论调。崛起的中国如何自处？又怎样与世界相处？这是一个充满挑战、极富哲理、可能导致国际秩序发生变化而又必须予以回答的问题。无论是出于主观还是客观的原因，对日益走向世界舞台的中国而言，只是被动地遵守国际经贸规则显然已经不现实、也没有必要了，在国际交往中发出自己的声音，承担其大国应有的责任、履行大国权利，成为历史必然趋势。在理论界，大国责权论已然抬头。事实上，要向世界展示出一个负责任大国的形象，维护国际经济秩序与规则、参与解决日趋严重的全球失衡和环境问题、扩大金融开放、推进市场化改革、完善社会保障制度、切实转变经济增长方式等，都是题中应有之义。这意味着中国金融业的开放、包括保险业的对外开放进入了一个新阶段。面对新形势，看待保险业开放问题要有新的分析角度和战略思路。

对保险业而言，对外开放进入新阶段至少有以下几个方面的含义：第一，对外开放面临更为复杂的国际形势，金融自由化的外部压力加大；第二，在开放政策的制定和开放步伐的把握问题上，更强调合作互利共赢，而不仅仅是资金和技术的引入；第三，监管制度方面，在与国际接轨的基础之上，更积极地参与国际规则的调整与制定；第四，中资公司更为成熟，恐慌论式微之后，对产业安全更多的担心来自于风险的跨境传递，对公司资本属性的关注让位于对公司盈利模式（经营模式）的讨论；第五，伴随保险业结构的优化调整和国际金融监管制度的改革，外资公司在华业务拓展将会更为理性，竞争层次进一步提高。

■■■（五）小结：中国保险业对外开放的路径与特征

总的来看，中国经济转型创造了保险市场，而开放背景下的转型也决定了保险业从一开始恢复发展就不可能偏安一隅、避开国际化的趋势。对外开放与对内改革始终是我国保险业发展的两条根本主线。由于中国经济体制转型所采用的特殊的、渐进式的路径，决定了中国保险业不是像西方发达国家那样、在成熟的制度框架中开放，其对外开放的过程具有这样一个鲜明的特征：先试点、先探索，再规范。甚至于对保险业开放的动因和理由，我们一开始也没有明确的结论，先后经历了机遇论、接轨论、安全论到大国权责论的变迁。不过，对于对外开放的步伐应该是激进的还是渐进的、对外开放的策略应该是粗放式的还是谨小慎微型的这些问题，理论界和实务界自始至终都是罕见地一致：前有新中国成立之前的切肤之痛，后有对金融安全的担忧和开放恐慌，中国保险业开放的总体步伐是审慎的。

三、入世十年间中国保险业对外开放格局演变

总的来讲，中国保险业经过入世之前的开放探索与试点以及入世十年间的锻造，已经达到了较高的开放程度，并且已经形成了中外资保险公司公平竞争、共同发展的格局。审视过去三十年、特别是入世后的十年间保险业对外开放进程，可以看出以下几个重要特点。

■■（一）开放起点低，但力度大、步伐快

从中国经济对外开放的整体格局来看，我国采用贸易优先开放，然后金融开放的次序。相对于货物贸易，金融市场开放起步相对较晚、起点较低。用进出口总额来衡量，从1978年中国开始改革开放起到2001年，货物贸易的规模已经增长了118倍，中国货物贸易量的世界排名也从20名之外提升到了世界第6位。如图2-1所示，2001年前后，中国的外贸依存度已经达到38.5%，相当于2010年外贸依存度水平的76%。可以说，在入世之初，中国在货物贸易领域的开放程度已经达到了较高水平，起点较高。

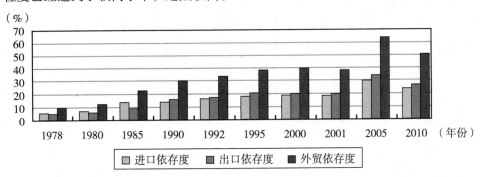

图2-1　历年中国货物对外贸易依存度

注：本图在年份选取时，基本采用从1980年起每间隔5年采集一个数据点的原则；并特别添加了对外开放起点年份1978年、保险业对外开放试点阶段起点年份1992年及入世年份2001年三个年份的数据。

资料来源：国家统计局，《2010年国民经济和社会发展统计公报》，2011年2月28日；《2009中国统计年鉴》，中国统计出版社2010年版；《2010中国统计年鉴》，中国统计出版社2011年版。

　　而从金融市场的开放来看，虽然中国保险市场的巨大发展潜力吸引了众多国外投资者的关注，但根据我国《外商投资产业指导目录》，保险公司、保险经纪人及代理人公司、保险咨询等金融及其相关行业一直属于限制外资投资产业[①]。以入世前外资商业存在及所占市场份额来衡量，其开放起点较低。截至入世协议签署之前，共有 17 家来自美、加、德、英、澳、日、韩等国的外资保险公司在中国设立了 24 家保险（分）公司，外方注入资本金（包括营运资本）共 37.887亿元。按公司组织形式分，中外合资保险公司 7 家，外国保险公司分公司 17 家；按业务范围分，寿险公司 8 家，产险（分）公司 9 家[②]。外资保险公司的市场份额也较低，2001 年，人身险保费收入 28 亿元，市场份额为 1.97%；外资财产险保费收入 4.96 亿元，市场份额仅为 0.7%[③]。

　　加入世贸组织之后，保险业开放的水平迅速提升，可以称得上是中国金融业开放的排头兵。总体来看，保险业是我国金融业中开放最早、开放过渡期最短的行业，银行次之，证券业第三。实际上，在我国加入世贸组织谈判过程中，保险业对外开放是一个焦点问题。因为保险业是重要的机构投资者，而且是整个社会保障体系的一个重要组成部分，涉及到千家万户，对很多西方国家的政府选举是十分重要的。西方国家在入世谈判时非常重视保险市场的开放问题。中国入世首席谈判代表龙永图 2006 年 9 月 21 日在北京 CBD 国际论坛上说，"中国入世谈判最艰难的部分是保险，而且中国入世谈判最后的一个堡垒也是在保险的领域里面完成的。"[④] 相对而言，当时我国对保险业的功能地位还没有非常清晰的认识，但已经认识到保险业的实力弱小、有保护市场的迫切需要。在这个阶段即做出高水平的开放承诺，某种程度上是为了谈判成功、服务大局所做出的让步。

　　由于保险市场是发达国家亟待进入的市场，导致保险业开放力度较大，这从两方面体现出来：其一，开放水平高于其他金融行业。表 2-1 对我国保险、银行、证券行业的开放承诺进行了比较。可以看出，在中国金融行业入世开放方面，保险是排在第一序位的，开放最早、过渡期最短，开放力度也很大；银行次之，证券业最后。

---

　　① 入世之后，我国修订了《外商投资产业指导目录》，但金融及其相关行业仍然属于限制类，只是按照入世承诺协议放开的范围进行了修订。

　　② 参见吴定富主编：《中国保险业发展改革报告（1979~2003）》，中国经济出版社 2004 年版。

　　③ 资料来源：《2002 中国保险年鉴》，中国保险年鉴编辑部，2003 年版。

　　④ 李卫玲、陈雯：《龙永图：入世谈判最难啃的是保险》，载《国际金融报》，2006 年 9 月 22 日。

表 2 - 1　　　　　　　　　中国金融行业入世开放承诺比较

项目	保险业	银行及其他金融服务	证券业
过渡期	3 年	5 年	3 年
允许的外资企业的设立形式	非寿险：分公司、合资与独资子公司；合资公司中外资股比可以达到51% 寿险：只能采用合资公司形式，外资股比不能超过50%	外资独资银行或外资独资财务公司、外国银行分行、中外合资银行或者中外合资财务公司	外国证券机构驻华代表处可以成为中国证券交易所特别会员；允许设立中外合资基金管理公司，加入时外资股比可以达到33.33%，3 年内可以达到49%；允许设立中外合资证券公司，外资股比不得超过1/3
地域限制	过渡期满后无地域限制	过渡期满后无地域限制	——
营业范围	不能从事法定保险业务	过渡期末后外资金融机构可以经营人民币业务，但需在中国开业 3 年以上，并且在提出申请前连续 2 年赢利，除此之外没有其他要求	可以从事 A 股、B 股和 H 股、政府和公司债券的承销和交易，以及发起设立基金

资料来源：课题组搜集整理。

其二，我国保险业的开放起点高于其他新兴市场国家。例如泰国在开放之初（1993 年）只允许外资拥有合资企业最高 25% 的股权，直到 2002 年，才允许外资在合资企业中的股份达到 49%，整个时间跨度为 10 年[①]；再如印度，外资保险公司必须与本地发起人建立合资企业，且外资股比不得超过 26%，保险公司必须在农村地区展开一定数量的保险业务，同时，所有非寿险公司必须将每一笔业务的 20% 分给印度再保险公司，所有公司的再保险计划安排必须得到监管机构的批准后方可执行。但我国在加入 WTO 之时即允许外资在寿险、非寿险合资公司中的股份比例分别达到 50%、51%，而放开业务范围和经营区域的时间跨度也不过 3 年。

■■■（二）外资日益多元化地融入中国保险业

入世之后，外资介入中国保险业的形式日趋多元化。除了入世前就有的设立分公司、设立中外合资公司以及参股中资保险公司之外，按照入世承诺，从

---

① 李宏祥：《泰、菲两国保险市场的开放及启示》，载《保险研究》2000 年第 2 期。

2003 年起，外资非寿险公司可以在中国设立独资子公司①；外资公司通过并购等形式，作为法人投资者或者战略投资者参股中资保险公司也更为常见；另外，随着中国人寿、中国人保等中资保险公司海外上市进程的推进，外资介入保险业又增加了外国公众投资者持股等形式。伴随外资介入形式的多元化，外资股东类型也进一步扩展，从以外资保险人（包括外资经纪公司）为主，发展到包括外资银行等其他类型的金融机构以及境外非金融机构②。

表 2-2 概括了近十年间各类型外资保险公司数量的变化趋势③。从表中数据可以看出，外资公司的数量总体来看在逐步增加，但其中有几点是需要特别说明的：第一，秉承分公司单独计数的原则。目前外资人身险分公司均为美国友邦保险公司在中国先后设立的分公司，此处将其单独计算，即友邦每开设一家分公司便计数一次。产险公司的统计亦如是，例如，在 2001~2006 年产险公司分公司/子公司一项中，将美亚保险公司的上海、广州、深圳分公司单独计算，2007 年，美国美亚保险公司在中国的分公司获准改建为在中国注册的全资附属子公司——美亚财产保险有限公司，从当年起，统计产险公司数量时便只计算该子公司一家。这可能会导致外资公司统计数量变少。

第二，个别外资公司的属性发生了变化，例如：2009 年，恒康天安人寿保险有限公司通过增资改制，名称变更为天安人寿保险股份有限公司，成为中资保险公司；2010 年，光大永明人寿通过增资扩股，由合资保险公司变身为中资保险公司；2006 年，民安中国经财政部和保监会批准，正式确认为国有独资保险公司企业性质，按中资保险公司身份进行管理；2007 年 3 月 8 日，中国保监会印发《关于确认中银保险有限公司性质的批复》，亦开始将中银保险作为中资保险公司管理。这种因素会导致外资公司数量减少的情况。

第三，2010 年外资再保险分公司数量减少，其原因是 2007 年成立的劳合社再保险（中国）有限公司更名为"劳合社保险（中国）有限公司"，也因而从再保险公司转型为直保公司，不再纳入再保险公司的统计范畴，同时转增为产险公司（子公司）。

---

① 根据入世协议，外国保险公司进入寿险领域只能通过建立中外合资公司的形式，因此，入世之后新成立的外资寿险公司均为合资公司，现有的外国独资寿险分公司是在入世之前获准进入中国的美国友邦，因适用"祖父条款"所以享有独特地位。

② 特别是参股中国保险业的外资公司类型多样，包括保险公司、跨国投资公司等，其注册地包括一些离岸金融中心，在资本融合成为全球化之显著特点的今天，寻求确认这些资金的来源地变得日趋困难。

③ 入世协议中对保险中介的关注焦点在保险经纪公司，此处沿袭这一做法，仅统计了外资经纪机构。

表 2 - 2　　　　　　　　　近十年间外资保险企业数量变化趋势

年份	人身险		产险		再保险	经纪	总计
	分公司	合资公司*	分公司/子公司**	合资公司			
2001	3	7	12	0	0	—	22
2002	5	12	12	0	0	—	29
2003	5	16	15	0	2	1	39
2004	5	18	14	0	3	2	42
2005	5	21	14	0	3	2	45
2006	5	23	14	0	3	2	47
2007	5	23	14	1	4	3	50
2008	5	24	15	1	6	4	55
2009	5	26	17	1	6	4	59
2010	5	25	19	1	5	5	60

注：*2009 年新开业合资人身保险公司 2 家，同年，华泰人寿保险公司由中资公司转变为外资公司，因此，当年合资人身险公司新增总数为 3；而 2010 年，光大永明股权变更成为中资公司，因此当年合资人身险公司数量减少 1 家。

**2001 年统计结果中包括美亚分公司 3 家、香港民安分公司 2 家以及东京海上、丰泰、太阳联合、丘博、三井住友、三星、中银保险。

就 2004 年而言，香港民安于当年成功"分改子"，原计数为 2 家分公司，现只单独计算为 1 家，故公司数量相较上一年度减少。

2006 年，苏黎世保险公司北京分公司开业；同年民安作为中资公司管理，故总数未发生变化。

2007 年，美亚"分改子"成功，原计数为 3 家分公司，现只单独计算为 1 家；中银保险从当年起也作为中资公司管理；同年，新开业 3 家外资公司（现代产险、中意财产、爱和谊），故总数未发生变化。

资料来源：中国保监会及各公司网站。

　　截至 2010 年底，已开业的外资保险公司分公司 12 家，独资子公司 18 家；其中有 20 家财险公司、5 家人身险公司、5 家再保险公司；合资保险公司 26 家，其中 25 家为人身险公司，仅有 1 家合资产险公司（中意产险）。就外资主体数量而言，已经占到中国保险主体总数的 35% 左右。此外，有外资金融或非金融机构参股的中资保险公司共 29 家，其中产险公司 8 家，人身险公司 15 家，保险集团公司 2 家，再保险公司 1 家，保险资产管理公司 3 家，市场份额位居前三的直接保险公司中均有外资参股。

　　这些数字表明，在加入世贸组织十年之后，中外资本日趋交融。中资公司有外资的参与，从持股比例来看，部分公司外方投资者也有较高话语权，例如新华人寿保险股份有限公司，苏黎世保险公司持有其 20% 的股份，仅次于中方大股东中央汇金投资有限责任公司（持股 38.815%）而居次席；而合资公司中更是有中资机构的介入，而且中方股东持股比例大都在 50% 的水平。实际上，每一个保险企业，无论是被冠以"外资"的称号、还是被加上"中资"的名头，其市场地位都是由其持有的优势资源来决定的。在一个开放的市场上，企业要在激烈的竞争中不断增强自身优势，总是需要借助内部和外部多种资源。只是用 25% 的持股比例来简单地将某家公司定性为中资公司或外资公司，其象征意义已然超出了现实意义。

■■■（三）全方位开放格局初步形成

⇒ 1. 公平竞争：外资公司经营限制不断减少

根据入世协议，外资公司业务经营所受限制不断减少。从 2003 年 12 月 11 日起，在华的外资非寿险公司不能提供的非寿险服务只有法定业务，从目前中国法定保险内容看，非寿险公司不能提供的只有机动车交通事故责任强制保险（即"交强险"）；到 2004 年底，合资寿险公司的业务限制已经全部取消，可以向外国公民和中国公民提供包括个人（团体）寿险服务、健康险、团体险和养老金/年金等在内的各种服务，其经营业务范围不断扩宽。

从外资保险公司的经营区域限制来看，根据入世协议，到 2003 年 12 月 11 日，外资保险公司可以在包括上海、广州、大连、深圳、佛山、北京、成都、重庆、福州、苏州、厦门、宁波、沈阳、武汉和天津的 15 个对外开放城市经营，而入世前在其他地区已开设营业机构的仍持续经营；到 2004 年底，地域限制已经全面取消。截至 2010 年底，外资保险公司的经营区域已经涉及全国 19 个省、自治区、直辖市。表 2－3 显示了 2010 年外资保险公司的经营地域分布情况（考虑到再保险、保险经纪公司的经营特性，未将其纳入本部分统计）。

表 2－3　　　　2010 年末各省、自治区、直辖市外资保险公司数量

序号	省、自治区、直辖市	外资公司数量
1	广东	29
2	上海	28
3	北京	26
4	江苏	22
5	山东	14
6	浙江	13
7	四川	11

序号	省、直辖市、自治区	外资公司数量
8	辽宁	9
9	福建	8
10	天津	8
11	湖北	5
12	河南	4
13	重庆	4
14	河北	3
15	湖南	2
16	安徽	1
17	广西	1
18	黑龙江	1
19	陕西	1

资料来源：各外资保险公司网站。

　　从表2－3可以看出，已开业的外资保险公司经营地区相对还比较集中，外资保险公司实际上主要集中在上海、北京、广州、深圳等发达地市。广东因为得改革开放风气之先，用足了国家的特殊政策和灵活措施，对外贸易一直呈现高速发展的态势，出口总值长期在全国范围名列前茅，也是国内综合经济实力最强、最具活力的地区之一，自然也是外资公司青睐的"宝地"。目前，广东共有外资保险公司29家，在外资主体数量上居于全国首位；而在作为保险业开放试点城市的上海，共有外资保险公司28家，占全国外资保险公司总数的比重超过60%。总体而言，外资产险公司的分支机构数量较少，业务地域相对集中，截至2010年底，设有分支机构的省（市、区）数平均值为2.1，有45%的公司经营地域仅限于一省（市、区），仅有一家公司的可经营省（市、区）数达到最大值5；而外资人身险公司的经营地域相对更为广泛一些，可经营省（市、区）数平均值达到5.4，超出平均值水平的公司占比超过42%[①]。

　　另外，伴随对外开放的进一步深化，外资保险公司能够享受的特殊的税收优惠政策也被逐渐取消。从2010年12月1日起，中国统一了内外资企业城市维护建设税和教育费附加制度，开始对外商投资企业、外国企业及外籍个人征收城市维护建设税和教育费附加。至此，内外资企业税制实现了全面统一，外资企业在

[①]　资料来源：根据各公司网站信息披露数据整理得出。

税收政策上享受的超国民待遇彻底终结。

➡ 2. 共图发展: 市场参与度稳步提升

近十年来,一面是经营范围所受限制不断减少;另一面则是外资公司的不断发展。按照保费收入的绝对指标衡量,外资公司保费收入规模显著增长,从2001年的32.82亿元,增加到2010年的634.30亿元,扩张了18倍。从以保费收入计的市场份额来看,如图2-2所示,财产险业务部分,市场份额长期维持在1%的水平;人身险部分,2005年,外资公司市场份额从上年度的2.64%一跃提升到8.9%,之后,除2007年市场占有率达到8%以外,其余年份都不超过6%。此外,近些年更是出现了一些外资股东"急流勇退"的案例。

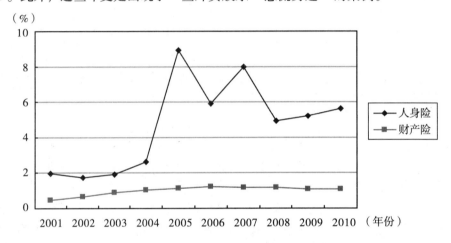

图2-2 历年外资保险公司市场份额变化趋势

资料来源:《2002中国保险年鉴》,中国保险年鉴编辑部,2003年;《2003保险年鉴》,中国保险年鉴编辑部,2004年;吴定富主编:《中国保险业发展改革报告(1979~2003)》,中国经济出版社2004年版;保监会网站。

不过,就此断言外资"跑输"了中资,甚至说外资的市场份额出现"倒U型"趋势,未免流于片面。我们必须综合地、客观地来看外资市场份额、特别是人身险市场份额的变化过程。从图1-2看,入世后的十年间,外资人身险市场份额总体趋势是在逐渐攀升,但有两个年份跳跃较大。其一,2005年,外资人身险市场份额陡升,这主要是因为中意人寿与其中方股东中国石油天然气集团签下团险大单,为后者的39万离退休员工提供终身年金型补充养老保险,入账保费约200亿元,其对于外资市场份额提升的作用显然是暂时性的,正因为此,2005年外资份额的跳跃性提升应被视为偶然的扰动,并不是趋势性的。其二,2007年,外资公司的表现也十分突出,这主要是因为当年在证券市场行情带动下投连险热销，而外资公司在投连险的设计和营销方面更具优势；而从2008 年开始，一方面中资在投连险领域的表现日益突出，另一方面，由于资本市场震荡加剧的预期不断增强，投连险对客户的吸引力降低，外资公司也难以再延续 2007 年的耀眼表现。总体来看，外资人身险市场份额是在波动中逐渐攀升。

当然，目前外资在中国市场、特别是产险市场中所占的份额还处于低水平上，但这并不意味着外资在中国保险市场上的重要性不高。首先，市场份额低并不等同于重要性低。外资的进入构成了新进入者威胁和提供替代品的威胁，这一方面有助于降低市场集中度；另一方面也会影响其他竞争主体的竞争能力。

其次，要考虑外资在中国市场上的重要性，不能忽视以其他形式介入中国保险业的外国资本。正如前文所述，外资正日益多元化地融入中国保险业，如果把外资在中资保险公司中所持股份对应的市场份额考虑进来[1]，同时剔除掉中资机构在合资公司中所持股份对应的市场份额，2010 年，外资对应的市场份额约为22.1%，其中产险市场份额和人身险市场份额分别为 20.5% 和 22.7%，均超过1/5[2]。中国保险市场的 1/5 强是由外资撬动的，其重要性不言自明。

总体来看，虽然外资在中国保险市场的影响力还相对有限，特别是在产险领域的影响小于在人身险市场的影响力，但外资在中国保险市场的参与度在稳步提升。保险业资本无论是姓"中"还是姓"外"，都在共同分享具有巨大潜力的中国市场。这一认知实际在提醒我们这样一个事实：我们平时所称的外资公司，只是"外资保险公司管理条例"管辖范围内的合资保险公司、独资保险公司和外国保险公司分公司，这个概念强调的是公司的法律地位及相应的市场待遇，包括设立资格、业务范围、税收征管规定等，其法律意义远大于市场意义。十年来，外资在中国保险市场的重要性在稳步提升，在与中资共同分享中国市场的巨大潜力和经营成果。也正是从这个意义上讲，保险业对各种资本而言，是没有"先验论"和"出身论"的。

四、中国保险业对外开放的基本评价

古人习惯以"十"虚指多的意思，故有"十年磨一剑"之说；对于一个行业的发展而言，十年的时间可能并不算长，但是，在经过了十年之后，对过去的

---

① 此处将外国公众持股也视做外资。

② 资料来源：根据中国保监会网站及各公司网站披露的保费及股权结构数据测算。

对外开放历程进行一个总结和评价，可以算得上是一个恰当的时点。加入世贸组织的这十年，是保险业飞速变革的十年，是保险业创新发展的十年，是保险业深化开放的十年，也是保险业日益融入全球市场的十年。由于我国保险业发展起步晚、起点低、发展比较落后，在恢复经营之初就面临全球化的背景，对外开放对其具有深刻的含义。

■■■（一）对外开放没有对产业安全构成现实威胁

➡ 1. 对外开放影响产业安全的机理

经过一段时期的开放，特别是在 2008 年国际金融危机爆发之后，产业安全问题也越来越凸显，引起了理论界和实业界的关注。有一些人认为，产业安全是一个伪命题，因为其安全目标可以通过国际竞争自动实现；也有一些人以维护产业安全为借口，反对改革开放的基本国策。如果具体地看待经济发展现实，上述两种看法都有失偏颇。事实上，所有发达国家的开放都不是自由开放，而是选择性地开放。美国对外国资本进入本国"敏感行业"实行最严格的控制机制，直至提交参众两院专门委员会审查；俄罗斯限定数千家战略性企业及国家战略资源，决不允许外资染指。由此可见，所谓国际的"自由竞争"原则都是以国家经济的核心利益安全作为基本原则的。

人们之所以对开放持有戒心，一个主要的理由是担心对外开放和国际竞争会危害产业安全。长期以来，无论是理论界还是实务界，大都自觉或不自觉地坚持，一个行业应该具有保持民族产业持续生存和发展的能力，即使是在全球化的浪潮中，也应该始终保持本国资本对本国产业主体的控制，战略产业的安全更被认为是维护国家经济安全的题中应有之义。

究其根由，对外开放危害保险产业安全的机理可以归纳如下：第一，外国资本占据了市场垄断地位，掌握了定价权，排除、限制竞争，攫取超额利润，并对于本产业及其前后向产业构成潜在威胁；尽管随着全球化程度的日益加深，跨国公司已经成为具有全球战略和利益的经济体，母国的政治利益和经济利益对其影响日渐衰微，但在国际经济、政治、军事领域出现争端或其他不稳定事态时，还是有可能成为国家安全中的隐患。第二，外国资本流入流出失序，将产生资产价格泡沫、资本外逃、货币危机和债务危机等一系列风险效应，从而危害金融稳定，甚至对实体经济产生负面影响。第三，金融机构跨国经营的推进，增加了金融体系的风险传染性和脆弱性。外资公司母公司在母国和/或其他国家与地区的经营不善，并进一步传递到国内，引起东道国保险市场的大幅波动。

➡ 2. 对外开放尚未对保险业安全构成现实威胁

我们认为，无论是从威胁产业安全的哪一条途径来看，对外开放都没有形成对我国保险产业安全的重要威胁。首先，外资保险公司在中国的发展速度低于早前预期，总体规模偏小，市场份额有限，话语权也十分有限，还没有对中资保险机构构成明显的生存威胁。事实上，外资保险企业在中国也遭遇了本土化难题，特别是在发展过程中，它们在客户资源、对本土市场环境的理解、人才储备、产品开发、服务网络等方面并不存在绝对优势，与中资竞争伙伴相比，甚至处于相对劣势地位。很多外资公司发现，由于成熟市场的经营环境区别于转轨中的中国市场，他们在国外市场上的成功模式并不能被直接复制。另外，从产业关联的角度来看，目前中国保险业尚不发达，对前后向产业的影响有限。研究发现，保险业对交通运输、仓储、邮政与信息服务业、工业、批发零售业、住宿餐饮业、房地产、租赁与商务服务业、计算机服务和软件业等依赖程度较高，而其他产业对保险业的直接消耗系数①很低，亦即保险业对经济各部门的依赖程度远大于其他产业对保险业的依赖程度②。在这种背景下，对外开放对保险业前后向产业的潜在威胁也是十分有限的。

其次，我国国家主权和金融主权完整，金融监管机构有能力掌控外资金融机构的行为。政府已经认识到，在各项管理制度尚不健全、监管能力不足的情况下，我国不应急于实施金融自由化，特别是在放开汇率制度、利率管制和资本账户方面要尤为谨慎。尽管目前中国的资本项目管制等制度还存在一些漏洞与不足，但对于国际资本流动的监管还是比较有效的。

另外，尽管经济全球一体化在不断深入，但在全球金融监管框架中，监管是本国的。外资公司需要严格遵守中国监管部门的资本金储备规定、偿付能力监管要求、利润及红利汇回规定③等法律法规，另外，根据目前中国的法律框架，外资保险公司在中国的经营，需要通过独立法人或分公司的形式进行，而"外国

---

① 直接消耗系数指某一个部门生产单位总产出需要直接消耗各部门货物和服务的数量，也称为投入系数。它反映该部门与其他部门之间直接的技术经济联系和直接依赖关系。

② 高雷、李芬香：《我国保险业的产业关联性研究》，载《财经科学》2008 年第 5 期。

③ 凡注册资本金未按合同约定足额到位的外商投资企业，不得将外汇利润、红利汇出境外；凡因特殊情况注册资本金不能按照合同约定足额到位的，应报原审批部门批准，凭批件和相关材料，可按实际到位的注册资本金的比例分配所得的利润、红利汇出境外。外商投资企业或境外发行股票企业需将以前年度利润或股息、红利汇出境外的，还需委托会计师事务所对其利润或股息、红利发生年度的资金情况进行审计，并向银行出具审计报告。根据《中华人民共和国外汇管理条例》、《结汇、售汇及付汇管理规定》、《关于外汇指定银行办理利润、股息、红利等汇出有关问题的通知》、《关于修改〈关于外汇指定银行办理利润、股息、红利等汇出有关问题的通知〉的通知》等整理。

保险公司分公司成立后，外国保险公司不得以任何形式抽回营运资金"[①]。所以，当外资公司母公司遭遇短期流动性问题时，不可能通过抽离子公司或分公司资本来获得流动性；而当母公司经营失败、遭遇清偿性危机时，与子公司之间也还是存在防火墙，不会对东道国的业务经营造成重大的直接冲击。

➡ **3. 开放的引致风险依然不可忽视**

事实上，从发展现状来看，中国保险业存在的主要问题，说到底还是发展方式粗放的问题。保险业的发展基础和外部环境已经发生了深刻变化，高投入、高成本、高消耗、低效率的增长模式已经不可持续，而保险企业现有的依法合规理念和文化、公司治理和风险管理水平等，还很难应对全面开放和综合经营条件下的市场竞争环境。我们认为，总体来看，保险业的健康与否，其主要影响因素不在于外部冲击，而在于深层次的体制机制问题。

因此，尽管对外开放还没有对保险产业安全构成现实威胁，但并不是说风险不存在。从产业控制理论来看，产业安全程度从根本上取决于外资和本国企业竞争力量的对决过程。在目前的发展阶段，中国金融自由化的进程尚在深化过程中，外资保险企业市场份额偏低，开放引致的风险都在可控范围之内。但要看到，外国资本在中国保险业的控制力和中国保险企业的竞争力仍然处于动态变化的过程中，对一国经济安全至关重要的保险业，绝不能因为目前风险较低而忽视其安全问题，必须清醒地坚持自主互利的对外开放原则。

■■■ **（二）对外开放提升了中国保险业竞争力**

开放保险市场，并不只是决定引入哪一国哪一地区的资本，也不只是决定引入哪一家跨国金融机构，而是要构建起一个利用国内国外两种资源、利用国内国际两种市场、可以调动全球性的资源、资金、技术和产品的开放体系，搭建一个公平竞争的市场环境，从而使保险市场得到充分的发展，消费者享受到公平竞争、并且只有公平竞争才能带来的质优价廉的商品和服务。也就是说，对外开放应该能够很好地提升一国创造良好商业环境的能力，很好地提升一国的企业在产业竞争中提供

---

① 参见《中华人民共和国外资保险公司管理条例实施细则》。监管说到底是本国法律体系下的授权，跨国公司经营的全球化和风险处置的本地化之间的矛盾将长期存在。当跨国公司的母体经营失败时，母国政府和监管当局往往只负责母体本身的风险处置、成本分担和债权人保护，其国外分支机构的相关事宜则是由当地的监管当局或政府来处置。在全球范围内产生的风险如何在母国与东道国之间分割，各自承担多大比例的风险处置成本，本身就是双方争执的焦点。保持跨国公司分支机构的财务独立性，对于防范风险的跨境传递是十分必要的。

有效产品和服务的能力，亦即产业竞争力。迈克尔·波特指出，一国的要素条件、市场需求条件、相关及支撑产业和公司战略、结构及竞争表现等四大因素决定了产业竞争力的水平。而从入世十年保险业的情况来看，对外开放通过影响企业战略和企业结构、同业竞争水平等因素，从整体上提升了中国保险业的竞争力。

⇒ 1. 便利中资保险公司借鉴国际经验、提升生产力

与西方发达市场所走过的轨迹不同，中国的市场经济体制并不是原生的，而是"嫁接"、"转合"而生的。保险市场作为整个大市场的一个子系统也不例外。"嫁接型"市场与原生型市场最大的区别就在于速度。回顾美国的保险史，亨利·海德花费了十多年的时间，才初步完善了人寿保险代理人的培训方案；而"人寿保险之父"伊利泽·赖特用了 36 年的时间才得以让马萨诸塞州开始用法律来维护寿险保单投保人取得退保金的权利。而通过嫁接，可以显著地缩短市场和监管体系成形的时间，并大大降低探索过程所带来的资源损失。长期的发展实践表明，学习和借鉴发达国家的经验和技术是我国保险业近三十年来实现快速发展的关键因素之一，而对外开放为中资保险企业借鉴国际经验与技术、提升竞争力提供了极大的便利。在国内保险业刚刚起步、没有经验可以借鉴、没有标准可以参考的情况下，通过国际交流参考，学习国外保险业的制度体系和成熟经营理念，无疑是中资保险企业培育自身资源和能力的重要途径。而在国内保险公司竞争力相对较弱之时，保险市场即开始快速走向全面开放，此时，为了避免将庞大的市场"拱手让人"，发挥"后发优势"，"移植"、"嫁接"国际经验，加快改革、加快发展，依然是中资保险公司实现"赶超"式发展的重要途径。

来自发达保险市场的外资保险公司通过各种形式介入中国保险业后，不仅提高了中国保险业的资本存量，而且带来了能够有效提高资产质量的创造性资源，例如人才、先进技术和经验、技术开发与使用能力、管理能力、对客户需求的理解能力等。通过借鉴和学习外资公司在精算、险种设计、管理、营销、服务等方面的新观念和先进技术，中资保险企业的生产率和创新能力得到了显著的提高。仅以个人营销模式为例，1992 年，美国友邦保险公司将个人寿险营销模式引入中国，该模式很快就成为寿险公司最为重要的营销渠道，推动了寿险业的迅速发展。1993 年人身险保费即实现了迅猛增长，增幅高达 124.09%[1]；到 2007 年，通过个人代理实现的人身险保费已经占全国人身险保费的 52.46%[2]。纵观保险

---

[1]　该增长率未经通货膨胀调整，1993 年居民消费价格指数变化幅度为 14.69%。数据来源：《中国统计年鉴 2004》，中国统计出版社 2005 年版。

[2]　吴定富：《中国保险市场发展报告（2008）》，电子工业出版社 2008 年版。

业的发展，无论是监管制度、法律体系，还是经营技术、管理手段，抑或产品服务创新，都或多或少地有借鉴的成分或国外的影子。

当然，即便国内没有外资商业存在，中资的保险公司也可以学习国外的先进经验，但绝不如在与外资公司同台竞争的实战中学习得更深刻、吸收得更快。更何况，外资公司面对中资竞争伙伴营销网络健全、根基雄厚、市场占比高等竞争环境现实，面对中资及其他外资对手的竞争威胁，其自身也力争依托外方股东技术优势，通过产品创新、服务创新等获取竞争优势。换句话说，因为外国资方在中国付出了真金白银，在实践操作中他们自然也会使出"浑身解数"，拿出"看家本领"。事实也证明，外资公司也的确较长于创新。例如，美亚财产保险公司针对金融市场的新变化，在 2009 年初便向中国市场投放了首个"并购保证补偿保险"；中德安联为满足客户的差异化需求推出定制性的"超级随心"产品等。此外，外资保险公司多拥有相对成熟的服务理念和技术手段，其以客户为本的售后服务和理赔体系是很多中资保险公司目前所不具备的。外资公司的示范效应给中资机构带来了巨大的竞争压力，激发了其创新热情，进而使得消费者的选择集更为丰富，可以选择的产品和服务质量也大大提升。

另外，外国保险公司为了能在中国市场取得经营上的成功、树立良好的公众形象，往往会与中国的科研机构或其他组织合作、或独立从事创新含量较高的研发活动，使得中国的保险业可以利用外资公司的技术开发能力形成自身的生产力。例如，2003 年，瑞士再保险公司与北京师范大学合作完成了《中国自然灾害系统地图集》，收录了近 500 年来中国主要的自然灾害的地理气象资料，全面展示了中国的灾害分布格局，为保险公司涉足地震、洪水等巨灾保险市场提供了有利的风险评估依据。

➡ 2. 开放"倒逼"改革，提升中资保险企业竞争力

更重要的是，对外开放还是"倒逼"我国保险业对内改革的重要动力，正是这种动力在推动着中国保险市场集中度不断下降，竞争程度不断提升。一方面，外资公司作为新进入者，直接稀释了行业的集中程度；另一方面，开放直接推动了保险业对内开放的进程，因为入世后，国有资本垄断保险业的产权安排面临巨大的外部压力，在市场化和全球化的大趋势下，放松非国有资本的行业准入势在必行，中国保险业所有制多元化的过程大大加快，保险市场的竞争性大大提升。

从财产保险市场来看，2001 年，三家最大的财险公司（人保、太平洋财产、平安财产）市场份额高达 96.1%，市场呈现出极明显的寡头垄断特征；到 2010 年，老三家的市场份额就降低到了 66.4%。人身保险市场的竞争性略强于财产

险市场，2001 年前三位人身险公司（中国人寿、平安和太平洋）的市场份额之和也高达 95.3%；到 2010 年，"老三家"的市场份额已经降低到了 57.2%[1]。

竞争的结果，是市场份额的转移和优胜劣汰规律在起作用。在这种情况下，生存与发展是企业竞争力的集中体现。如本章第三部分所述，中资企业的市场份额保持在一个相对稳定的水平；从个别公司看，"老三家"的市场份额虽被蚕食，但自身的发展也是显著的。回顾近十年，现代保险企业制度基本建立，国有保险公司股份制改造已经全面完成，逐步建立起了较为规范的公司治理结构框架；2003～2004 年，中国人民财产保险股份有限公司、中国人寿保险股份有限公司和中国平安保险（集团）股份有限公司先后在境外上市，迈出了我国金融保险企业走向国际资本市场的第一步；中资保险公司、特别是大型保险公司开始重视综合经营大趋势，通过实施集团化发展战略实现综合化经营，以提高自身的竞争力和抗风险能力；随着保险业股权结构的优化，更多的境内外战略投资者参股保险公司，资金实力和发展后劲不断增强，市场竞争力和偿付能力明显提高。

必须指出的是，如果没有对外开放，中资保险企业是不可能以这样的速度取得如此显著的成绩的。外商投资者的竞相进入，不仅仅是给中资公司带来了竞争压力，而且带来了示范效应，同时，加入世贸组织，使得开放成为法律框架下的、可预见的必然趋势。在这种背景下，国内经济体制改革的力度、广度和深度不断加大，符合市场经济要求的企业经营、管理体制和经营理念、市场导向型的法律框架和监管体制逐渐形成并完善。中国保险市场按照国际惯例开放、中资公司参照国际惯例改革、各经营主体逐步采取国际惯例进行实际运作，从而使中国保险市场的运作更为公开、公平和高效，也大大提升了中资保险企业的竞争力。

■■■ （三）对外开放促进监管制度的改革与完善

对外开放对于监管制度的影响，首先在于促成了市场导向型的法律框架和监管体制的形成。世界贸易组织的各项协定、协议，都是建立在市场经济、市场导向的基础之上，其目标是通过贸易自由化促进全球经济贸易增长，这对中国的法治建设提出了很高要求。入世之后，我国共立、改、废数千件中央一级法律法规、部门规章，数十万件地方性法规、规章和政策文件，这其中最重要的，无疑是 2004 年 7 月 1 日起正式施行的《行政许可法》。《行政许可法》摆正了政府的位置，界定了政府的职能，将政府的职能限定在法定范围内，它的出台与实施，体现了我国积极履行入世承诺、建立符合市场经济体制要求的法治政府的决心。

---

① 资料来源：中国保监会网站；历年《中国保险年鉴》。

根据这一法律，保险监管部门大力推进行政审批制度改革，认真贯彻落实《行政许可法》，先后四次共取消113项行政审批事项，规范行政许可程序，增加了监管透明度，降低了监管成本，提高了监管效率。

其次，对外开放对法治建设的压力，使保险立法和监管制度建设提速。伴随市场发展和开放步伐的加快，特别是入世之后，保险立法的速度明显加快。中国政府对《保险法》及一系列保险行政法规、规章及规范性文件进行了相应的修订，并制定了《外资保险公司管理条例》等一系列法律法规，立法数量远远超过前二十年保险立法之和①，初步建立起了较为完备的、与国际接轨的保险法律体系，范围涵盖了保险主体、保险公司市场行为、偿付能力、治理结构、信息披露等各个方面，保险活动与监管的主要方面均有法可依。我国保险监管逐渐制度化、规范化。

最后，推动监管制度与国际接轨。在对外开放的环境下，国际市场对我国保险业发展的影响不断增大，外国保险公司不断进入我国保险市场，中资保险公司出于内在的发展需要和迫于外在的竞争压力，也在采取各种方式"走出去"，使自己成为国际性的保险机构。在新的形势下，改革与完善监管制度，使其与国际接轨，不仅有利于降低国际性机构的监管执行成本，树立开放的行业形象，也有利于提升中国的监管水平；不仅有利于监管的国际合作，也有利于国际监管政策的协调与跨境风险处置。近十年来，保险监管制度最显著的转变之一就是逐步与国际接轨，保险监管的内容从单纯的行政审批、事前监管逐步向事中监控和事后监督转变，偿付能力成为监管的主要内容；从监管方式上，也由主要依靠行政手段向更多地运用市场机制的方向转变，伴随《保险公司信息披露管理办法》的出台与实施，市场监督的基础条件进一步完善；从监管制度本身看，中国的核心监管制度，例如偿付能力监管制度、公司治理结构监管等，都充分考虑了国际监管制度的最新趋势和最新成果，使得保险监管向市场化、国际化和专业化迈出了实质性步伐。这些转变的发生，直接受益于对外开放。

■■■（四）对外开放的积极作用还未得到充分发挥

尽管中国保险业在对外开放中取得了显著的成绩，中资保险公司也得到了长足的发展，但不可否认的是，在这个发展过程中，也存在一些值得我们反思的问

---

① 在前二十年间，我国制定了《财产保险合同条例》、《保险企业管理暂行条例》、《保险管理暂行条例》、《保险法》等法律、行政法规、规章和规范性文件，虽然最终在主要方面多数有法可依，但经历时间较长。例如，一直到1995年才制定了保险业的根本大法《保险法》。而且，在外资保险公司监管、强制保险、偿付能力监管等方面欠缺具体规定，在市场行为监管法制等具体方面也不完善。

题。例如，因为经济发展的区域不平衡，中国保险业也呈现出空间比例失调、地区差距显著的局面，而保险业区域开放的路径则在某种程度上加深了这种不平衡。我国保险业的开放在地域分布上，基本上是先经济特区，再到沿海开放城市、然后逐步向内地省会城市和经济中心城市辐射，而出于商业利益的考虑，外资公司大多将业务集中在经济相对发达、基础设施相对健全、人均收入较高、"簇群效应"明显的东部地区，这就使得东部沿海地区市场竞争程度的提升水平高于中西部地区。回顾这十年，我们看到，对外开放的积极作用仍有待进一步发挥。

➡ 1. 中资保险企业的发展能力还未得到充分提升

对外开放给了中资保险企业借鉴、模仿外资公司的机会，中资保险企业可以通过经验和技术的学习与模仿、对发达市场先进制度、政策和经验的借鉴、甚至直接引进国外的高级人才等途径实现跨越式的发展。但是，借鉴和学习的目的是要提高自身的创新能力，如果只是简单地模仿，而没有领悟到先进技术与经验的真谛，那这种借鉴和学习就只是停留在浅表的层次，对外开放可能带来的好处就没有得到充分的利用。

从中国保险业近些年的表现来看，的确也存在着这类问题，特别是很多中资保险公司在向外国同行学习时，注意力往往集中在可以迅速扩大业务规模、实现增长的产品销售和设计等"显性"手段方面，在这些方面吸收国外先进经验的速度和力度都相当高，而对关系其长远发展的管理、服务等方面却有些着力不足。一个显著的例子就是，入世之后，中资公司纷纷借鉴个人营销模式，而个人代理也不负众望，迅速成为中国保险市场最重要的销售渠道之一。据统计，截至2010年底，全国共有保险营销员近330万人，比2009年末增加39.2万人，增长幅度高达13.5%，其力量不可谓不壮大；但是，其产能却不尽如人意，在全国实现保费收入中，个人代理渠道业务占比32%左右，比2009年降低了5个百分点，人均年度佣金收入17 252元，同比减少2 384元①。同时，近年来业内普遍出现了"增员难"的局面，加上代理人脱落率长期高企，个人营销制度的发展遭遇瓶颈。究其原因，不外乎两方面。其一，在借鉴引入个人营销制度时，未能理解其真谛。各公司在保费收入和市场份额的"指挥棒"下，并没有深刻地解读"营销"的内涵，大多只是将其简单地诠释为以佣金制和严格的淘汰机制为基础的激励制度，将个人营销员看作简单的销售、甚至"推销"的"利器"，在对代理人的管理上强调数字化的业绩表现和增员情况，却不重视质量；在培训上采取的也是"短、平、快"式的策略，注重说服技巧，却忽视了专业素养、职

---

① 资料来源：中国保监会。

业道德、法律法规等方面的培训，导致其营销人员缺乏扎实的业务基础，服务质量难以保证。其二，在学习国外先进经验时，还处在一个浅层次的学习过程中，"移植"的成分居多，根据国情吸收改造的成分偏少，以至于个人营销制度与中国当前社会制度的诸多方面不能很好地匹配。譬如说，在中国社会保障制度尚不完善的条件下，无底薪的纯佣金制是否可以起到预期的激励效果？在我国诚信体制建设相对滞后的前提下，如何有效监督管理个人营销员的行为？这些深层次的问题得不到解决，我们所谓的学习就只能是"形似"而非"神似"。

2. 外资保险公司竞争潜力没有得到充分发挥

从对外开放以来外资公司在中国市场上的表现来看，外资公司在完善我国保险市场主体结构、推动保险产品创新、开拓中西部保险市场、引进先进管理技术和经营理念等方面发挥了重要作用，其偿付能力普遍充足，业务结构比较优化，效益观念及合规意识较强，在提高发展质量方面具有一定成效。但其发展也遇到了很多问题。如本章图2-2所示，入世近十年来，外资公司在中国的发展并没有呈现出预期中的持续增长势头。

从人身保险角度看，外资公司市场份额虽然在长期内呈现增长的态势，但起落较大，且水平不高。这与目前广泛存在于我国合资人身险公司中的股权结构不无关系。加入世贸组织以来，外资在中国人身险市场的商业存在只能采取合资公司的形式，且外资持股比例不能超过50%。从实际结果来看，入世后成立的合资公司，基本都采取了50%对50%的股权均分架构，这造成了控制权分立，使决策成本高企，一旦中外双方在经营理念和战略上产生分歧，不仅会限制外资寿险公司的市场拓展潜力，也会阻碍这些公司实现规模经济和范围经济，进而使公司的发展面临很多问题①。

从财产保险角度来看，外资公司在产险市场份额偏低，与其经营地域相对集中的现状相吻合。回顾入世之后这十年，可以说，外资产险公司在中国的扩张低调而谨慎。大多数产险公司主要采取客户追随战略，以服务该国的关联企业或股

---

① 值得注意的是，外资保险公司在中国设立合资公司时，大都倾向于选择非保险企业，特别是以实业经营为主的中资大型企业集团作为合资伙伴。诚然，选择中资保险公司作为合资伙伴，外资公司需要解决不同企业文化的融合、不同经营管理理念及模式的协调等问题，更有可能面临合资企业与其中方股东的市场利益发生冲突的风险；而选择财力雄厚、具有良好商誉及/或具有国资背景的大型非保险中资企业作为合资伙伴，外资公司不仅可以规避上述风险，而且可以为合资公司迅速获取客户资源、扩大影响力、树立良好形象等提供强有力的支撑。但是，实业公司对保险业经营规律和盈利基础的认识有限，更加注重保费规模和市场份额等财务指标，轻视发展的质量，又容易与外方股东产生分歧。当合资寿险公司没有产生预期利润时，双方的分歧就更加严重：一些国内合资股东因为不愿为了维持业务扩张需要而不断投入新的资本而计划出售持有股权，退出保险市场；或者希望自己运营公司，而让外资股东离开。

东为主，同时逐步挖掘潜在的中国客户，但扩张步伐不大。这与目前外资产险公司业务受限不无关系。根据入世协议，外资公司不能在中国经营法定保险，换言之，外资公司不能涉足交强险，这显然增加了外资公司扩展机动车保险市场的成本①。因为一般而言，消费者习惯在同一家保险公司购买包括交强险和车辆损失保险等在内的机动车保险，以便于接受理赔、保全服务。而近几年数据显示，机动车辆保险占产险公司保费收入的70%左右，其中交强险部分占产险保费收入1/4略强②。外资公司难以经营机动车辆保险，一方面丧失了很多业务空间，另一方面也失去了从车险客户中挖掘潜在的其他市场机会的可能，特别是难以争取那些希望"一站购齐"、在同一家保险服务提供商那里获取一揽子风险解决方案的客户，成长空间有限，竞争潜力难以发挥。

　　除了受到开放法律法规的束缚、不能完全放开手脚参与中国市场竞争之外，外资公司在中国也遭遇到了"水土"问题。必须承认，从国际发达市场中提炼出来的思想和经验，一旦与其原本的市场脉络割裂、而被直接应用于其他不同背景的国家，就会成为本质不同的东西，进而引发"水土不服"。一些外资公司不加改造地将用于海外市场的产品、管理经验移植到中国；某些外方高管会不自觉地用在国外工作多年形成的思维习惯和经验来指导中国法人公司的管理和运营，对中方人员并没有实质性的放权和授权，事无巨细都要经过外方人员的同意。"橘生淮南则为橘，生于淮北则为枳"，由于水土相异，这种做法直接影响到外资公司的运营效率。另外，外资公司在中国的经营时间尚短，尚未建立完善的本地人才储备机制、培养起符合本地发展要求的人才团队，加上中国保险业本来就人力资源短缺，因此也进一步束缚了其竞争潜力的发挥。正因为此，相较于入世前和入世之初对中国市场的满腔热情，外资公司对市场的预期也更为理性。根据2010年11月普华永道发布的"外资保险公司在中国"的调查，有31家外资保险公司降低今后3年市场份额的期望值，寿险公司预计其市场份额到2013年将保持目前5%的水平，而财险和意外险公司对未来3年的份额预期则停留在1%左右。

结　语

　　本章对中国保险业开放历程的考察表明，对外开放与对内改革始终是我国保

---

　　① 目前外资公司涉足机动车辆保险，一般是通过"曲线救国"的方式，即与具有法定保险经营资格的中资公司签订合作协议，双方共同为同一消费者服务，由中资公司出具交强险保单，外资自身承保商业车险。

　　② 资料来源：中国保监会网站。

险业发展的两条根本主线。由于中国经济体制转型所采用的特殊的、渐进式的路径，决定了中国保险业不是像西方发达国家那样，在成熟的制度框架中开放，而是采取了先试点、先探索、再规范的路径；对保险业开放的动因和理由，先后经历了从机遇论、接轨论、安全论到大国权责论的变迁。但因为前有新中国成立之前的切肤之痛，后有对金融安全的担忧和开放恐慌，中国保险业开放的总体步伐是审慎的。

而在入世十年之后，从中国保险业对外开放的现实来看，保险业作为金融业对外开放的排头兵，已经迅速地进入了全方位对外开放阶段，并且已经形成了中外资保险公司公平竞争、共同发展的格局。伴随外国资本介入中国保险业形式的多元化、外资保险公司在中国经营限制的不断减少，外资在中国保险市场的参与度在稳步提升。保险业资本不论是姓"中"，还是姓"外"，都在共同分享具有巨大潜力的中国市场。

总体来看，外资保险公司在中国的发展速度低于早前预期，总体规模偏小，市场份额相对有限，加上还有一些政策限制（包括人身险公司 50% 的股权比例上限、外资产险公司不得经营法定保险等）尚未结束，外资公司的竞争潜力没有得到充分的发挥，所以外资还没有对中资保险机构构成明显的生存威胁。而我国国家主权和金融主权完整，金融监管机构有能力掌控外资金融机构的行为，很好地防范了开放的引致风险。另外，从行业角度看，对外开放带来的管理外溢效应、国际经验和技术的引入等，形成了很高的国内产业带动力。在和外资公司同台竞争中，学习外资公司先进的产品、服务、经营理念和技术手段，在和国外保险业的充分交流中借鉴、学习国外保险业的制度体系和成熟经营理念，是我国保险业改革发展思路的重要来源。

也许，没有对外开放，中国保险业通过对内改革可能也能够取得较好的发展，但不可否认的是，对外开放带来的竞争压力和示范效应加速了保险业对内改革的进程，进而大大地推动了行业竞争力的提升，促进了监管制度的改革与完善，显著提升了消费者的福利。保险业对外开放的实践历程清晰地告诉我们，我们需要长期利用国内国外两种资源、两个市场。一个全球性的资源、资金、技术和产品的开放体系，符合我国的长期利益。

本章参考文献

1. 高雷、李芬香：《我国保险业的产业关联性研究》，载《财经科学》2008 年第 5 期。

2. 江小涓：《中国的外资经济——对增长、结构升级和竞争力的贡献》，中国人民大学出版社 2002 年版。

3. 李晓西：《改革开放 30 年对外开放理论回顾》，载《北京师范大学学报（社会科学版）》2008 年第 5 期。

4. 孙祁祥、郑伟等著：《保险制度与市场经济——历史、理论与实证考察》，经济科学出版社 2009 年版。

5. 孙祁祥：《对保险业"入世"若干问题的思考》，载《热点研究》2002 年第 1 期。

6. 锁凌燕：《十年之问：外资还好吗?》，载《金融时报》2011 年 6 月 22 日。

7. 吴定富：《中国保险市场发展报告（2008）》，电子工业出版社 2008 年版。

8. 吴定富：《中国保险业发展改革报告（1979～2003）》，中国经济出版社 2004 年版。

9. 中国保险学会、中国保险报编著：《中国保险业二百年（1805—2005）》，当代世界出版社 2005 年版。

10. 邹琨、王安平：《对外开放的历史发展与反思》，载《经济研究导刊》2009 年第 9 期。

第三章 外资保险公司的经营战略及评价

引　言

第二章回顾了入世前和入世后我国保险业对外开放的发展历程，梳理了入世十年来我国保险业开放格局的演变，并从宏观视角对我国保险业的对外开放所取得的成绩和问题进行了评价。本章将以外资保险公司这些市场主体作为考察对象，以组织结构、产品、营销渠道、区域发展、人才发展等方面的经营战略作为考察主线，从微观视角对入世十年来外资寿险公司和外资产险公司的经营战略（部分兼顾外资再保险公司和外资保险中介公司）进行总结与评价。

一、外资保险公司经营战略的指标选择及说明

根据战略管理的相关理论，所谓经营战略，是指企业为了实现自己的使命和目标，根据外部环境和内部条件而采取的一系列重大管理决策和行动，它通常包括企业战略的制定、实施、评价和控制。考虑到入世十年来我国保险市场上的外资保险公司在整体发展阶段上还处于起步和扩张期，本章将立足于这一特定的时代背景，侧重于从组织结构、产品、营销渠道、区域发展、人才发展这五个相对重要的方面集中考察外资保险公司的经营战略，希望以此起到管中窥豹的效果。

（1）组织结构战略。通常而言，组织结构战略是指企业根据一

国的监管法律、市场环境、自身发展目标以及组织之间的相互关系等因素，对自身的组织内部的分工合作模式所作的长期性规划。考虑到我国保险业开放的实际背景，本章所考察的组织结构战略主要是指外资保险公司进入我国保险市场时在设立分公司、子公司、合资公司等具体组织形式的选择上所采取的战略。

（2）产品战略。产品战略与市场定位有着密切的关系，企业通常只有明确了市场定位，才能进而实施富有针对性的产品战略。本章所考察的产品战略主要是指外资保险公司在进入我国保险市场后对提供什么样的保险产品以及保持什么样的产品结构上所进行的规划。

（3）营销渠道战略。这主要是指外资保险公司在分析市场机会以及确定目标市场之后，对如何有效地利用自身以及其他中介渠道，以便有效地将自己的产品和服务提供给目标客户所进行的设想和规划。在中资保险公司已经实现全面布局的背景下，营销渠道战略对于外资保险公司有着十分重要的意义。

（4）区域发展战略。这主要是根据外资保险公司在获准进入我国保险市场后，根据自己的扩张思路对进入尚未涉足区域的宏观规划。作为我国保险市场上的新进入者，每一家外资保险公司都不可避免地需要到新的区域去开拓市场和扩大经营，这是它们发展壮大的必经阶段。

（5）人才发展战略。这主要是指在进入我国保险市场之后，为了公司的经营理念得到贯彻和经营任务得到执行，外资保险公司需要组建一支高水平的人才队伍，这就需要外资寿险公司必须在培养人才、引进人才以及委派人才等方式之间进行优化配置。面对我国保险业的人才缺口，每一家外资保险公司都必须实施积极的人才发展战略。

二、外资保险公司的组织结构战略及评价

根据我国的《外资保险公司管理条例》和《外资保险公司管理条例实施细则》，外资保险公司在华经营的组织形式具体分为三种：第一，合资保险公司，也即外国保险公司同中国的公司、企业在中国境内合资经营的保险公司；第二，外商独资保险公司，也即由外国保险公司在中国境内投资经营的外国资本保险公司；第三，外资保险分公司，也即外国保险公司在中国境内的分公司。需要说明的是，这里所指的"外国保险公司"是指在中国境外注册、经营保险业务的保险公司，它涵盖了在港、澳、台地区注册和经营保险业务的保险公司。

■■■ （一）外资寿险公司的组织结构战略

➡ 1. 独资寿险公司的组织结构战略

从我国整个寿险市场来看，美国友邦保险公司是唯一一家以分公司形式成立和经营的独资寿险公司。

早在我国加入世贸组织的 1992 年，美国国际集团就通过旗下的美国友邦保险在上海设立了分公司，成为改革开放后第一家获准经营保险业务的外资保险公司。此后，美国友邦保险公司以分支公司的形式逐步扩展经营范围。1995 年，友邦保险设立广州分公司，随后又于 1999 年设立佛山支公司及深圳分公司。2002 年，友邦保险北京分公司、苏州分公司、东莞支公司和江门支公司相继开业。2006 年，经过保监会批准，友邦保险广州分公司和苏州分公司更名为广东分公司和江苏分公司，并获准在广东省及江苏省全省范围内开展业务。这样，友邦保险在中国大陆共有上海、北京、广东、江苏 4 家分公司。

客观来说，对于进入中国已有近二十年历史的友邦而言，4 家分公司的数量并不算多。这其中固然有我国政府对市场保护的考虑因素，但是从另一方面来看，在我国现行的保险开放政策之下，设立更多的分公司将会给友邦带来沉重的资金压力。根据我国《外资保险公司管理规定》和《外资保险公司管理条例实施细则》等相关规定，外国产险公司的业务经营范围只限于在分公司注册地，如果要跨地域经营，则需另外成立异地分公司，并增加不低于 2 亿元的营运资本。

➡ 2. 合资寿险公司的组织结构战略

（1）"强强联姻"组建合资寿险公司。

根据我国的入世协议，在我国加入世贸组织后，外国寿险公司必须以设立合资公司的形式进入我国市场，并且外资股权的占比不得超过 50%。对于合资伙伴，外国保险公司可以自由选择，并且可以自由订立合资条款，只要它们在减让表所作承诺范围内。

根据上述这一协议，除了早期以分公司形式进入的美国友邦保险公司，其他外国保险公司无一例外地以合资寿险公司的形式进入中国保险市场。为了能够充分利用中外资股东的资源，实现优势互补、利益共享，并避免由于直接竞争所出现的利益冲突，很多外国保险公司都选择一些在石油、航空、地产、矿业等领域具有雄厚实力的非保险国有大型企业作为合作伙伴。表 3 – 1 为改革开放以后我国所成立的外资寿险公司一览表，从中不难看到，合资寿险公司的组建基本都属于典型的"强强联姻"模式。

表 3-1　　　改革开放后我国所成立的外资寿险公司一览表

（截至 2011 年 6 月 30 日）

序号	公司名称	成立时间	股东及持股比例
1	友邦各分公司	1992 年	美国友邦保险有限公司全资拥有
2	中宏人寿	1996 年	中国对外经贸信托公司持股 49%，加拿大宏利金融集团持股 51%
3	太平洋安泰 *	1998 年	太平洋保险集团与美国安泰保险各持 50% 股份
4	安联大众 *	1999 年	大众保险公司持股 49%，德国安联保险集团持股 51%
5	金盛人寿 *	1999 年	中国五矿持股 49%，法国安盛集团持股 51%
6	信诚人寿	2000 年	中信集团和英国保诚集团各持 50% 股份
7	中保康联 *	2000 年	中国人寿保险公司持股 51%，澳大利亚联邦银行持股 49%
8	恒康天安 *	2000 年	天安保险与美国恒康人寿各持 50% 股份
9	中意人寿	2002 年	中国石油天然气集团公司与意大利忠利保险集团各持 50% 股份
10	光大永明 *	2002 年	中国光大集团和加拿大永明金融集团各持 50% 股份
11	海尔纽约 *	2002 年	海尔集团与美国纽约人寿各持 50% 股份
12	首创安泰 *	2002 年	北京银行与荷兰国际集团各持 50% 股份
13	中英人寿	2002 年	中国中粮集团与英国英杰华集团各持 50% 股份
14	海康人寿	2003 年	中国海洋石油总公司与荷兰全球人寿保险集团各持 50% 股份
15	招商信诺	2003 年	深圳市鼎尊投资咨询有限公司与美国信诺北美人寿保险公司各持 50% 股份
16	广电日生 *	2003 年	上海广电（集团）公司和日本生命保险相互会社各持 50% 股份
17	恒安标准	2003 年	天津泰达集团与英国标准人寿各持 50% 股份
18	瑞泰人寿 *	2004 年	国电集团旗下的国电资本控股有限公司与瑞典斯堪的亚公共保险有限公司各持 50% 股份
19	中美大都会 *	2004 年	上海联和投资有限公司与美国大都会人寿保险公司各持 50% 股份
20	国泰人寿	2004 年	中国东方航空与台湾国泰人寿各持 50% 股份
21	中法人寿	2005 年	中国邮政与法国国家人寿保险公司各持 50% 股份
22	华泰人寿	2005 年	华泰产险持股 72. 5503%，美国 ACE 集团持有 25. 9662%，另外华润集团等持有股份若干
23	花旗人寿 *	2005 年	上海联和投资有限公司和美国旅行者人寿各持 50% 股份
24	中航三星	2005 年	中国航空集团公司和韩国三星生命保险株式会社各持 50% 股份
25	中新大东方	2006 年	重庆市地产集团与新加坡大东方人寿保险有限公司各持 50% 股份
26	君龙人寿	2008 年	厦门建发股份有限公司与台湾人寿股份有限公司各持 50% 股份
27	新光海航	2009 年	海航集团与台湾新光人寿保险股份有限公司各持 50% 股份
28	汇丰人寿	2009 年	国民信托与汇丰集团各持 50% 股份

注：（1）本表中合资寿险公司的名称、股东及持股比例等内容均为该公司成立之初的原始情形。
　　（2）加 * 表明该保险公司后来发生过股权变更，具体变更详见表 3-2。
　　（3）华泰人寿原为中资公司，后因 2009 年美国 ACE 集团的战略投资而从中资变为外资。

（2）合资寿险公司的"问题婚姻"。

尽管"强强联姻"使得合资寿险公司在形式上具备了实现双赢的基础，并有着令人期待的发展前景，但近几年来的发展实践却表明，"强强联姻"并不能保证合资寿险公司在日后一帆风顺并获得明显的领先优势，部分合资寿险公司的"婚姻"先后出现了问题，而合资这种性质的组织结构甚至成为制约其发展的"阿基里斯之踵"①。

具体而言，合资寿险公司的"问题婚姻"主要表现在如下方面：

第一，中外股东之间相互争夺管理权，内耗严重。根据我国合资寿险公司组建的"潜规则"，合资寿险公司的董事长、财务部门负责人、人事部门负责人等通常由中资股东委派，而总经理、保险营销及管理等部门的负责人由外资股东委派。由于合资寿险公司的外方股东往往有着多年保险经营历史，而中方股东大多从未涉足过保险业务领域，因此，双方在经营理念乃至文化背景等方面存在或大或小的冲突。然而，问题不止如此，在各持50%股权的背景下，中、外方股东对于经营理念上的争议都不愿后退和迁就，但是谁也不能压倒对方，以致二者之间的矛盾不断加深和扩大，造成严重的效率损失。

第二，中方股东对于寿险经营的规律并没有足够清醒的认识，缺乏长期投资和经营的心理准备。国际经验表明，寿险公司平均盈利周期大概在8年左右，这就要求寿险公司的股东应该有长期投资的理念。然而，由于我国很多合资寿险公司的中方股东对保险经营的规律缺乏应有的了解，再加上国资委对部分国字号中方股东的领导考核具有短期性，这使得不少中方股东过于看重短期内的保费规模和市场占有率，缺乏长期的持续经营理念。因此，当一些合资寿险公司在经营几年之后未能取得预期中的目标时，合资寿险公司的中方股东往往不愿继续投入，甚至选择放弃经营而抽身退出。

（3）合资寿险公司的"婚姻重组"。

在"问题婚姻"的困扰下，一些合资寿险公司难以保持发展的连贯性和稳定性，进而也难以获取令人满意的经营业绩。于是，一些遭遇"问题婚姻"的合资寿险公司的中外方股东选择了退出或减持原有股权，进行"婚姻重组"。

截至2011年6月30日，我国先后有12家合资寿险公司的股东结构发生过调整，另有一些合资公司尚在尽力维持"婚姻关系"，但是"重组"之声已经此起彼伏。从已经完成的股权结构调整来看，除了原花旗人寿、瑞泰人寿、原恒康

---

① 尽管一些合资寿险公司中外方股东"婚姻不和"的新闻屡见报端，但并非所有合资公司都是如此。一些合资寿险公司的中外方股东之间一直维持着相对稳定的合作关系，"双赢"的目标正在逐步实现，比如中意人寿、中英人寿、国泰人寿等。

天安等几家合资寿险公司因为原有外方股东被其他公司收购等不可抗力而被迫调整，以及原太平洋安泰的外方股东荷兰国际集团为了规避与原首创安泰出现同业竞争而出售股权之外，其他合资寿险公司基本都是因为原有中方股东主动退出合作或者减持股权而出现的结构调整，比如原安联大众、原广电日生、原中保康联、原中美大都会、原首创安泰等（详见表 3 - 2）。

表 3 - 2　　　　　　　　近年来合资寿险公司的股东结构调整情况

（截至 2011 年 6 月 30 日）

公司名称	调整前的股东结构	调整后的股东结构
安联大众（中德安联）	1999 年组建，大众保险持股 49%，德国安联保险持股 51%	2005 年，中信信托获批接手大众保险所持有的 49% 股权，公司更名为中德安联
花旗人寿（联泰大都会）	2005 年组建，上海联和投资和美国旅行者人寿各持股 50%	2006 年，美国大都会人寿获批收购美国旅行者人寿 50% 的股份，公司更名为联泰大都会人寿
广电日生（长生人寿）	2003 年组建，上海广电与日本生命保险相互会社各持股 50%	2009 年 9 月，中国长城资产管理公司获批收购上海广电所持全部股权，与日本生命保险相互会社各 50% 股份，公司更名为长生人寿
中保康联（交银康联）	2000 年组建，中国人寿持股 51%，澳大利亚联邦银行持股 49%	2009 年 9 月，交通银行获批增资入股中保康联，增资后交通银行持股 62.5%，澳大利亚联邦银行持股 37.5%。公司更名为交银康联
恒康天安（天安人寿）	2000 年组建，天安保险与美国恒康人寿各持股 50%	2009 年 12 月，美国恒康人寿将股份转让给领锐资产管理股份有限公司等四家公司，天安保险与上述四家公司各持 20% 股份。公司更名为天安人寿
中美大都会	2004 年组建，首都机场集团与美国大都会人寿各持股 50%	2010 年 3 月，首都机场集团获批将其股份全部转让给上海联和投资，后者与美国大都会各持 50% 股份
瑞泰人寿	2004 年组建，北京市国有资产经营有限责任公司与瑞典斯堪的亚保险各持股 50%	2010 年 3 月，国电资本控股有限公司获准受让北京市国有资产经营有限责任公司所持有的股权，与瑞典斯堪的亚公共保险公司各持 50% 股份
首创安泰（中荷人寿）	2002 年组建，北京首创集团与荷兰国际集团各持股 50%	2010 年 5 月，北京银行获批收购北京首创集团持有的首创安泰人寿 50% 的股权，与荷兰国际集团各持 50%。公司更名为中荷人寿
光大永明	2002 年组建，中国光大集团和加拿大永明金融集团各持股 50%	2010 年 7 月，中国光大集团获批通过增资继续持有 50% 股份，永明人寿持有 24.99% 股份，新引进的中国兵器工业集团和鞍山钢铁集团各持有 12.51% 股份

公司名称	调整前的股东结构	调整后的股东结构
海尔纽约 （海尔保险）	2002 年组建，海尔集团和美国纽约人寿各持股 50%	2011 年 1 月，海尔集团和日本明治安田生命保险相互会社获准受让纽约人寿所持股权，并通过增资分别持股 70.76% 和 29.24%。公司更名为海尔保险
太平洋安泰 （建信人寿）	1998 年组建，太平洋保险集团与荷兰国际集团各持股 50%	2011 年 4 月底，中国建设银行获批收购太平洋安泰 51% 股权，中国人寿（台湾）等四家公司作为战略投资者。公司更名为建信人寿
金盛人寿 （工银安盛）	1999 年组建，中国五矿持股 49%，法国安盛集团持股 51%	（尚未最终获批）2010 年 10 月，中国工商银行收购金盛人寿 60% 的股份，成为控股股东，安盛持有 27.5% 的股份，中国五矿持有 12.5% 的股份。公司拟更名为工银安盛人寿

注：2011 年 3 月，中美大都会与联泰大都会合并成"中美联泰大都会人寿保险有限公司"。

需要注意的是，尽管一些合资寿险公司中方股东因为"问题婚姻"而选择了退出，但是这些公司对合资寿险公司所持有的股权却得到了银行、信托、资产管理公司等机构投资者的青睐，而这些机构投资者的进入使得合资寿险公司的身份得到了保留，经营也得到了持续。不过，新的"婚姻重组"能否带来稳定的合作关系，还有待时间的检验。

特别值得注意的是，原中保康联、光大永明、金盛人寿、原太平洋安泰这四家合资寿险公司在"重组"后分别产生了拥有控股地位的交通银行、光大集团、中国工商银行、中国建设银行，这不仅意味着我国银行与保险之间的深度融合，同时也意味着重组后的光大永明、建信人寿等合资寿险公司的身份从"外资"转变为"中资"。

（二）外资产险公司的组织结构战略

1. 选择"分转子"，拒绝合资模式

在 2001 年底我国加入世贸组织前，外资产险公司都是以分公司的形式进入我国保险市场的，比如美亚保险、东京海上、太阳联合等。我国加入世贸组织后，允许外国保险公司设立分公司或者合资公司，并且外资在合资公司中的比例可达 51%。但是从后来我国的实际情形来看，仅有中意产险一家公司以合资公司的形式成立。

2003 年底之后，外国非寿险公司在华设立营业机构的形式已无限制，也就是在原有的分公司和合资公司形式基础上，增加了独资子公司。

2004 年 5 月，中国保监会发布了《关于外国财产保险分公司改建为独资财产保险公司有关问题的通知》，允许此前已经设立的外资产险分公司在符合一定条件的前提下，改建为独资保险公司。自此，一些进入我国财产保险市场多年的外国产险分公司纷纷递交申请，希望获批改建成具有法人性质的子公司，也即"分转子"。

从 2005 年开始，中国保监会先后批准民安保险、中银保险、三星产险、日本保险等公司改建独立子公司。另外需要注意的是，现代产险、国泰产险等外资产险公司从一开始也获准成立独立的子公司。

2. "分转子" 的原因及进展

我们认为，外国产险分公司在"分转子"问题上的热情以及对成立合资公司的冷落主要基于以下两个原因：

第一，在从分公司转变成子公司之后，外国产险公司开设分支机构的成本大大降低了，这便于加快机构扩张步伐。根据我国的相关规定，外国产险公司的业务经营范围只限于在分公司注册地，如果要跨地域经营，则需另外成立异地分公司，并增加不低于 2 亿元的营运资本。然而，"合资保险公司、独资保险公司以最低注册资本人民币 2 亿元设立的，在其住所地以外的每一省、自治区、直辖市首次申请设立分公司，应当增加不少于人民币 2 000 万元的注册资本"。并且，"申请设立分公司时，合资保险公司、独资保险公司注册资本达到前款规定的增资后额度的，可以不再增加相应的注册资本"。此外，"合资保险公司、独资保险公司注册资本达到人民币 5 亿元，在偿付能力充足的情况下，设立分公司不需要增加注册资本"。

第二，成立合资产险公司虽然有助于利用中方股东的优势资源，然而它却会削弱外方股东的话语权，并容易与中方股东产生摩擦与内耗，最终影响经营战略的实施。对于这一点，诸多合资寿险公司的发展实践早已证明。

截至 2011 年 6 月 30 日，我国已有 11 家外资产险公司完成了从"分公司"到"子公司"的转变，2 家外资产险公司仍然以分公司形式经营，另外有 7 家外资产险公司在设立时即为法人子公司（详见表 3 - 3、表 3 - 4、表 3 - 5）。

表 3 - 3 **已完成"分转子"的外资产险公司**

（截至 2011 年 6 月 30 日）

序号	公司名称	分公司设立情况	子公司设立情况
1	三星财险	2001 年，上海	2005 年，上海
2	日本财产	2003 年，大连	2005 年，大连
3	美亚保险	1997 年，上海	2007 年，上海
4	丘博保险	2000 年，上海	2007 年，上海
5	三井住友	2001 年，上海	2007 年，上海
6	利宝	2003 年，重庆	2007 年，重庆
7	东京海上	1994 年，上海	2008 年，上海
8	太阳联合	1998 年，上海	2008 年，上海
9	爱和谊	2007 年，天津	2009 年，天津
10	安联财险	2003 年，广州	2010 年，广州
11	安盟保险	2004 年，成都	2010 年，成都

注：（1）民安保险和中银保险这两家有着港资背景的"外资公司"，也曾经历过从分公司到子公司的身份转变，不过这两家公司在组织形式转变的同时其资本性质也从外资公司转变成了中资公司，故本表未作考虑。

（2）2010 年，劳合社在转变为直接财产保险公司的同时，在组织形式上也从分公司转为子公司，但是由于劳合社此前在中国经营再保险业务，故本表暂未作考虑。

表 3 - 4 **尚未完成"分转子"的外资产险公司**

（截至 2011 年 6 月 30 日）

序号	公司名称	分公司设立情况
1	瑞士丰泰	1997 年，上海
2	苏黎世保险	2006 年，北京

表 3 - 5 **成立时即为子公司形式的外资产险公司**

（截至 2011 年 6 月 30 日）

序号	公司名称	子公司设立情况
1	现代产险	2007 年，北京
2	中意产险	2007 年，北京
3	国泰产险	2008 年，上海
4	日本兴亚	2009 年，深圳
5	乐爱金	2009 年，南京
6	富邦产险	2010 年，厦门
7	信利保险	2010 年，上海

注：中意产险为仅有的一家合资产险公司。

■■■（三）外资再保险公司的组织结构战略

根据入世协议，我国允许外资保险公司以分公司、合资公司或独资子公司的形式提供寿险和非寿险的再保险业务，没有地域限制或发放营业许可的数量限制。在这种相对宽松的背景下，外资再保险公司基本都选择以分公司的形式进入我国市场（见表3-6）。外资再保险公司选择分公司形式的原因主要包括：第一，再保险业务本身有着明显的国际性特征，外资再保险公司没有必要通过设立子公司而获取再保险业务；第二，分公司的组织形式有助于外资再保险公司避免因为设立子公司而出现的摩擦成本，从而确保总部的战略得到很好的实施；第三，设立分公司有助于维持和改善外资再保险公司的财务状况和信用水平，提高资本的使用效率。

表3-6 我国的外资再保险公司一览表

（截至2011年6月30日）

公司名称	成立时间	公司性质	经营范围	资本金
慕尼黑再保险北京分公司	2003年	分公司	综合再保险业务	3亿元
瑞士再保险公司北京分公司	2003年	分公司	综合再保险业务	3亿元
通用再保险公司上海分公司	2004年	分公司	综合再保险业务	3亿元
劳合社	2007年	子公司	非人寿再保险业务以及普通财产保险业务	2亿元
法国再保险公司北京分公司	2008年	分公司	综合再保险业务	3 100万欧元
汉诺威再保险公司上海分公司	2008年	分公司	人寿再保险业务	2亿元

注：（1）2008年2月法国再保险公司北京分公司开业之初，其业务范围限于非寿险再保险业务，资本金为2 000万欧元。2010年4月，该公司获准从事综合再保险业务，并且资本金增至3 100万欧元。

（2）2010年9月之前，"通用再保险公司上海分公司"所使用的名称为"科隆再保险公司上海分公司"。

（3）2010年9月，"劳合社再保险（中国）有限公司"更名为"劳合社保险（中国）有限公司"，转变为财产保险公司，业务范围除了再保险，还包括直接财产保险业务。

■■■（四）外资保险中介公司的组织结构战略

从目前来看，我国的外资保险中介公司主要分布在保险经纪领域，而对于保险代理领域和保险公估领域则没有涉足或涉足有限。鉴于此，我们这里集中分析外资保险经纪公司的组织结构战略。

按照入世承诺，在我国加入世贸组织时，外资保险经纪公司的设立必须采取合资形式，并且外方所持股份不高于50%；加入世贸组织三年后，外方所持股份不高于51%；加入世贸组织五年后，可成立全资外资子公司。

截至2011年6月30日，我国保险市场上共有5家外资保险经纪公司，其中两家合资保险经纪公司，3家外资独资保险经纪公司（见表3-7）。有意思的是，美国怡安、英国韦莱集团和美国达信这三大国际经纪公司在进入中国保险经纪市场时选择了三种不同的策略。美国怡安寻求与从事非保险业的大国企合资，为其未来发展夯实基础；英国韦莱集团则以中资经纪公司作为合资对象，以快速实现全国布局，并谋求未来全面控股；而美国达信则坚决奉行独资策略，甚至宁愿牺牲发展速度。

表3-7　　　　　　　　　我国的外资保险经纪公司名单

（截至2011年6月30日）

序号	公司名称	成立时间	合资或独资	股东
1	中怡保险经纪公司	2003年	合资	美国怡安保险（集团）公司（Aon）与中粮集团各持50%
2	韦莱浦东保险经纪有限公司	2004年	合资	英国韦莱集团（Willis）持股51%，浦东保险经纪公司持股49%
3	达信保险经纪有限公司	2007年	独资	美国达信保险经纪公司（Marsh）
4	诺德（上海）保险经纪有限公司	2008年	独资	诺德保险经纪有限公司（Lockton）
5	佳达保险经纪有限公司	2010年	独资	美国佳达再保险经纪有限公司（Guy Carpenter & Company）

注：（1）在2007年获准在中国市场上从事保险经纪业务之前，达信在很长一段时间里从事风险管理与保险咨询业务。

（2）尽管中意产险获准可经营再保险业务，但一般将其归为外资产险公司。

■■■（五）对外资保险公司组织结构战略的评价

综合前面的分析我们可以看到，总体而言，入世十年来外资保险在公司组织结构战略上的基本导向，就是及时把握保险业对外开放政策调整的最新动向，结合中国保险市场以及公司自身的实际，因势利导，选择最能发挥出自身优势的组织结构。

就外资寿险领域而言，由于我国入世协议规定外国保险公司只能以合资公司的形式进入中国市场，这使得外国保险公司在组织结构方面只能遵循相关规定，而没有其他选择的余地（友邦应被视为特例）。然而，在选择中方合作伙伴组建合资寿险公司时，外国保险公司仍然有着自由的空间，事实上，从最终所作出的选择来看，他们所关注的是如何尽可能地发挥中外方股东的资源优势，形成互补，从而更快地抢占中国市场。当然，不少合资寿险公司的中外方股东之间不欢而散的结局，出乎很多人的意料，但是这也说明，在现行的政策规定下，找一个"志同道合"的合作伙伴，要比找一个"实力雄厚"的合作伙伴更为重要。

就外资产险领域而言，在政策允许可以成立独资子公司的背景下，几乎所有的外国保险公司都把获取独资产险的牌照作为一个具有基础意义的重要战略。对于外资产险公司而言，"分转子"不仅能够加速它们的扩张步伐，而且也能够避免组建合资公司所出现的负面效应。

就外资再保险领域而言，由于我国入世协议并没有限制性的约定，外资再保险公司可以以成本最低的方式进入中国市场，而从实际来看，它们最终都选择了分公司的形式。

就外资经纪保险领域而言，由于我国入世协议对外资保险经纪公司进入时的组织形式是逐步放松限制的，这也使得几家在不同阶段进入我国的外资再保险经纪公司选择了不同的组织机构战略。

三、外资保险公司的产品战略及评价

■■■（一）外资寿险公司的产品战略

➡ 1. 产品结构

（1）个人保险与团体保险。

根据我国的入世协议，在入世之初的 3 年里，外国寿险公司不能向市场提供团体险、养老金及年金险服务。因此，在 2004 年 12 月 11 日之前，外资寿险公司的经营范围局限于个人人身保险业务，而团体保险市场则完全由中资寿险公司所占据。

2004 年底之后，外资寿险公司在继续加大发展个人保险业务的同时，开始了向团体保险业务领域的扩展，其中，中意人寿、友邦、中英人寿、国泰人寿这四家外资寿险公司的发展势头相对比较突出。特别是中意人寿，在 2005 年从中方股东中国石油集团签下了一笔针对中国石油集团 39 万名已退休员工的团体退休年金大单，保费金额高达约 200 亿元人民币，使得其当年度保费收入不仅超越了友邦而跃居外资寿险第一，而且还超过了泰康人寿，成为近年来外资寿险公司充分利用中方股东的资源而加速发展的典型案例。然而，需要说明的是，外资寿险公司的团体保险业务发展并不均衡，在上述四家公司之外，其他绝大部分外资寿险公司的团体保险业务规模近几年来并没有得到明显扩展，仍然以个人保险业务为主（见表3－8）。

表3－8 外资/中资寿险公司的个人险与团体险的保费收入占比 单位:%

	2004 年	2005 年	2006 年	2007 年	2008 年	2009 年
外资寿险公司	100:0	39:61	79:21	97:3	95:5	93:7
中资寿险公司	82:18	83:17	86:14	88:12	92:8	95:5

注：中资寿险公司中未考虑专业健康和养老保险公司。

资料来源：各年《中国保险年鉴》。

（2）寿险、意外险和健康险。

对外资寿险公司而言，寿险业务、健康险业务和意外险业务分别是第一、第二、第三业务来源，这一排序与中资寿险公司是一致的（这里不考虑专业健康保险公司）。然而，就总体水平而言，外资寿险公司的业务结构更为均衡，健康险业务和意外险业务在业务总量中的占比基本要高于中资寿险公司的相应占比（见表3－9）。

表3－9 外资/中资寿险公司的寿险、健康险、意外险的保费收入占比 单位:%

	2004 年	2005 年	2006 年	2007 年	2008 年	2009 年
外资寿险公司	84:11:5	94:4:2	87:10:3	91:6:3	87:10:3	84:12:4
中资寿险公司	89:8:3	88:9:3	88:9:3	92:6:2	93:5:2	93:5:2

注：中资寿险公司中未考虑专业健康和养老保险公司。

资料来源：各年《中国保险年鉴》。

（3）普通寿险与投资型寿险。

从总体水平来看，在2004年，外资寿险公司寿险业务中（不包括健康险和意外险）几乎有一半的保费收入来自于普通寿险，也即传统的保障型保险业务，而当年中资寿险公司则以分红险、投连险等投资型保险业务为主，普通寿险只占全部业务的三成不到。从2005年开始，外资寿险公司开始加大对分红险、投连险等投资型寿险业务的销售力度，并逐年降低普通寿险业务的比重。2007年，随着资本市场出现牛市，投资型保险业务受到消费者追捧，外资寿险公司力推投资型险种，其普通寿险业务的保费收入占比首次降到了10%以下，比中资寿险公司的相应占比还要低得多。从2008年开始，由于资本市场由牛市转为熊市，再加上新的会计制度的实施，投资型寿险业务开始被边缘化，外资寿险公司普通寿险业务的保费收入占比又出现上升趋势（见表 3 – 10）。

表 3 – 10　　　　外资/中资寿险公司的普通寿险与投资型寿险保费收入占比　　　　单位:%

	2004 年	2005 年	2006 年	2007 年	2008 年	2009 年
外资寿险公司	49:51	22:78	18:82	9:91	13:87	17:83
中资寿险公司	27:73	27:73	24:76	27:73	13:87	11:89

注：考虑到外资寿险公司在团体寿险业务领域的发展状况相差悬殊，本表仅考察中、外资寿险公司的个人寿险业务领域的表现。另外，中资寿险公司中未考虑专业健康和养老保险公司。

资料来源：各年《中国保险年鉴》。

2. 产品创新

从过去几年来看，面对中资寿险公司根基雄厚、市场份额高、营销网络健全以及外资寿险公司经营范围比较有限等现实，许多外资寿险公司都依托于外方股东强大的产品创新平台，把产品创新作为赢取竞争的重要手段，推出了不少创新型产品，这些创新型产品可以分为三类：

第一类是具有创新理念的保险产品。比如中宏人寿于 2000 年推出了国内第一个"分红保险"产品，金盛人寿于 2006 年推出了集退休、投资、人寿保障三位一体的全方位储蓄投资保险产品，中德安联于 2009 年推出了极具个性化的分红型两全保险"超级随心"，光大永明 2009 年第一个推出 3G 家庭保单，能够实现一家三代人同时在一张保单内投保，等等。

第二类是针对特定人群所推出的保险产品。比如中宏人寿于 1999 年推出上海保险市场第一个纯女性保障型产品，光大永明于 2003 年第一家推出区分吸烟者和非吸烟者费率的分红险，招商信诺于 2009 年针对在华的外籍雇员推出了国际雇员健康保险计划，等等。

第三类是具有技术革新性质的保险产品。比如光大永明于 2003 年在全国率先签发"临时保单"，信诚人寿于 2004 年推出了国内首张通俗化保单，瑞泰人寿于 2007 年推出了国内首个防伪保单，等等。

（二）外资产险公司的产品战略

根据入世协议，在我国加入世贸组织两年后，外资产险公司即可向市场提供除了机动车第三者责任险等法定保险之外的所有非寿险服务。考虑到机动车第三者责任险是车险业务的组成部分，因此，这里我们将从车险业务和非车险业务两方面分别探讨外资产险公司的产品战略。

➡ **1. 车险业务**

虽然我国入世协议只是禁止外资产险公司经营机动车第三者责任强制险,并没有禁止外资产险公司经营车损险等其他车险业务,但这一禁令对外资产险公司车险业务的影响却是全方位的,而不仅仅局限于第三者责任险领域。

众所周知,车损险与机动车第三者责任险虽然属于不同性质的险种,但是二者在投保和理赔等环节却有着极强的关联性。因此,对消费者而言,选择在一家保险公司同时购买这两种保险是符合范围经济要求的。在外资产险公司不能经营机动车第三者责任保险的背景下,如果消费者在外资产险公司投保了车损险,那么他还需要去其他中资产险公司另外投保第三者责任险。这种安排不仅会让消费者的投保流程更加烦琐,而且在理赔时也要花费更多的时间和精力,因此,许多消费者自然会放弃外资产险公司而选择中资保险公司投保车损险业务。

从车险市场的实际情形来看,一些先前涉足商业车险业务的外资产险公司因为业务难以为继而选择了放弃,比如东京海上、美亚、丰泰等。但是,也有一些公司在努力尝试着新的解决方案,比如利宝、现代、东京海上等外资产险公司选择与中资保险公司进行合作,二者分别提供商业车损险和交强险服务,共同分享客户资源。不过,就近几年车险市场的整体情况而言,车险一直是外资产险公司"心中的痛",因为车险业务不仅一直都是中资产险公司最重要的保费收入来源(保费收入占比近70%),而且还为中资产险公司带来了大量的客户资源。

表3-11为2004～2009年车险保费收入在外资产险公司以及中资产险公司全部保费收入所占的比重。

表3-11　　　　　2004～2009年外资/中资产险公司车险保费收入占比　　　单位:%

	2004 年	2005 年	2006 年	2007 年	2008 年	2009 年
外资产险公司	7	10	2	6	3	7
中资产险公司	68	69	72	73	72	75

注:未考虑华农、安盟等专业性农业保险公司。

资料来源:各年《中国保险年鉴》。

➡ **2. 非车险业务**

(1)产品结构。

由于不能在车险业务领域放开手脚,各家外资产险公司把主要精力放在了非车险领域。2004年以来,企财险、货运险、责任险成为外资产险公司最重要的三种业务,它们占据了外资产险公司保费收入来源的70%以上。从近几年的发展趋势来看，意外伤害保险和工程保险在外资产险公司保费收入中的比重也在逐步增加（详见表3－12、表3－13、表3－14）。

表3－12　　　　**2004～2009年外资/中资产险公司的企财险保费收入占比**　　　单位：%

	2004年	2005年	2006年	2007年	2008年	2009年
外资产险公司	36	27	27	27	26	29
中资产险公司	12	12	10	9	9	7

注：未考虑华农、安盟等专业性农业保险公司。

资料来源：各年《中国保险年鉴》。

表3－13　　　　**2004～2009年外资/中资产险公司的货运险保费收入占比**　　　单位：%

	2004年	2005年	2006年	2007年	2008年	2009年
外资产险公司	28	36	31	29	26	22
中资产险公司	4	4	3	3	3	2

注：未考虑华农、安盟等各种专业性农业保险公司。

资料来源：各年《中国保险年鉴》。

表3－14　　　　**2004～2009年外资/中资产险公司的责任险保费收入占比**　　　单位：%

	2004年	2005年	2006年	2007年	2008年	2009年
外资产险公司	19	22	26	22	22	21
中资产险公司	3	3	3	3	3	3

注：未考虑华农、安盟等专业性农业保险公司。

资料来源：各年《中国保险年鉴》。

（2）产品创新。

同外资寿险公司相似，随着经营规模的逐步增加和经营范围的逐步扩大，一些外资产险公司凭借着外方股东的先进经验和技术，在责任险、货运险、工程保险等领域推出了一些创新型保险产品。

比如，美亚保险先后推出针对商界高管的"董监事高管责任险"、针对中小企业的"工商通保"综合险、针对大型国企的"并购补偿险"、针对商旅人士的"航班延误险"等产品，针对拟上市公司推出"招股说明书责任险"等；安联保险不断谋求创新，先后推出"电影电视制作方保险"、"制作方错误和疏忽责任保险"、"临床试验责任保险"、"游艇保险"等新产品；太阳联合保险公司推出"可再生能源保险"、"水产养殖保险"等，这些都是本土产险公司尚未涉足的领域。

■■■（三）对外资保险公司产品战略的评价

从前面的分析我们可以看到，入世十年来，无论是外资寿险公司，还是外资产险公司，其产品战略的基本导向就是在保险业开放政策允许的经营范围内，选择与中资保险公司相区别的目标市场，充分利用外方股东的产品研发优势，通过差异化来满足目标市场上消费者的需要。

具体到外资寿险公司而言，由于其与中资寿险公司的经营范围完全相同，这就要求外资寿险公司在产品战略上需要以新奇和独特取胜，避免与中资寿险公司的产品同质化。从过去几年的经验来看，外资寿险公司瞄准的目标市场主要可以分为两大类：第一类是外资企业员工、高端本土企业员工、出口企业员工等高端群体；第二类是合资寿险公司中方股东的所在员工。就第一类客户而言，他们普遍受过较高层次的教育，收入水平也比较高，对保险产品的需求也是差异化和多样化的，这些情形正好与外资寿险公司外方股东的产品诉求相契合。也正因为如此，几乎所有外资寿险公司都将这些高端群体作为目标客户，并针对他们在高端投资理财、养老保障、大额健康保障、个性化客户服务等方面的需求推出了多种创新型产品。就第二类客户而言，作为合资寿险公司中方股东的员工，他们自然是合资寿险公司所能利用的重要客户资源，事实上，中意人寿、中英人寿等合资寿险公司正是因为很好地利用了这一重要资源，才得以在团体保险市场上取得佳绩。

外资产险公司的产品战略与外资寿险公司存在着差异。由于不能在车险市场上大展拳脚，这迫使外资产险公司不得不另辟蹊径，将目标市场定位于责任险、货运险等自身有着比较优势的细分领域。如果说车险是各家财产保险公司之间竞争的"第一战场"的话，那么，外资产险公司的产品战略从一开始就打下了"第二战场"的烙印。这是外资产险公司在产品战略上与中资产险公司的第一个差异。从客户群体上来看，外资产险公司的目标客户主要集中于外资企业、高端本土企业、出口企业等高端企业。需要指出的是，由于目前我国的外资产险公司基本都是以独资形式存在的，因此外资产险公司也不具有外资寿险公司所享有的中方股东客户资源，这是外资产险公司产品战略的第二个差异。

最后需要说明的是，尽管外资寿险公司和外资产险公司都实施着积极的产品战略，推出了众多的创新型产品，但就总的而言，这些创新型产品更多地是从外方股东或母公司所引进来的"舶来品"，所瞄准的目标客户包括了相当多的在华外资企业，这也就意味着这些产品未能全面考虑中国本土的法律环境、社会文化、经济水平等各种因素，缺乏在中国本土的生产过程，因此也就可能会出现或轻或重的"水土不服"现象①。

四、外资保险公司的营销渠道战略及评价

■■■（一）外资寿险公司的营销渠道战略

➡ 1. 外资寿险公司营销渠道的总体结构

总的来说，外资寿险公司的营销渠道可以分为以下四种：一是以保险营销员为代表的个人代理渠道；二是以保险代理公司和保险经纪公司为代表的保险专业中介机构；三是以银行、邮政、铁路、航空为代表的保险兼业代理机构；四是保险公司通过电话营销、网络营销等所实现的直销渠道。

表 3 - 15 和表 3 - 16 分别反映了 2008 年和 2009 年我国外资寿险公司和中资寿险公司通过各营销渠道所实现的保费收入分布情况。

表 3 - 15　　2008 年外资/中资寿险公司各营销渠道实现的保费收入分布情况　　　单位:%

	个人代理	专业中介	兼业代理	保险直销
外资寿险公司	39. 87	4. 26	52. 03	3. 85
中资寿险公司	42. 15	0. 52	49. 54	7. 80

注：中资寿险公司中未考虑专业健康和养老保险公司。

资料来源：各年《中国保险年鉴》。

表 3 - 16　　2009 年外资/中资寿险公司各营销渠道实现的保费收入分布情况　　　单位:%

	个人代理	专业中介	兼业代理	保险直销
外资寿险公司	39. 59	5. 14	48. 74	6. 53
中资寿险公司	43. 94	0. 52	50. 00	5. 54

注：中资寿险公司中未考虑专业健康和养老保险公司。

资料来源：各年《中国保险年鉴》。

从这表 3 - 15、表 3 - 16 我们可以看到，就总体水平而言，无论是在 2008 年还是在 2009 年，个人代理渠道和兼业代理渠道都是中外资寿险公司保费收入的主要来源，二者之和占据了中外资寿险公司保费收入的 90% 左右（中资寿险公

① 比如美亚保险曾经推出针对商界高管的"董监事高管责任险"、针对大型国企的"并购补偿险"等新型产品，但是市场反响并不尽如人意。

司更高一些）。相比之下，专业中介和保险直销所占比例并不大。另外，个人代理渠道在外资寿险公司保费收入中的比例要略低于其在中资寿险公司保费收入中的比例，而专业中介在外资寿险公司保费收入中的比例明显高于其在中资寿险公司保费收入中的比例。

2. 外资寿险公司营销渠道的个体结构差异

从个体来看，外资寿险公司对不同营销渠道的依赖程度还是存在明显差异的（详见表 3 - 17、表 3 - 18）。

表 3 - 17　　　2008 年外资寿险公司各营销渠道所实现的保费收入占比　　　单位:%

公司	营销渠道			
	个人代理	专业中介	兼业代理	直销
友邦	83.62	0.41	13.56	2.42
华泰人寿	11.34	0.00	87.63	1.02
中宏人寿	100.00	0.00	0.00	0.00
原太平洋安泰	75.53	0.36	21.11	3.00
中德安联	14.83	4.14	76.42	4.61
金盛人寿	50.56	3.97	31.81	13.66
原中保康联	30.97	12.47	55.37	1.19
信诚人寿	58.19	0.00	41.55	0.26
原恒康天安	4.51	3.75	73.27	18.48
中意人寿	18.74	6.16	63.28	11.82
光大永明	38.77	0.47	57.56	3.19
原首创安泰	22.66	5.15	72.18	0.01
原海尔纽约	77.81	0.00	6.61	15.58
中英人寿	16.21	20.43	57.99	5.37
海康人寿	8.46	10.08	76.21	5.25
招商信诺	0.00	0.01	99.99	0.00
原广电日生	26.29	1.73	56.79	15.19
恒安标准	11.84	4.58	81.81	1.77
瑞泰人寿	0.00	40.64	56.39	2.96
中美大都会	55.26	0.75	43.34	0.65
国泰人寿	15.42	0.00	66.55	18.03
中航三星	21.23	0.00	73.96	4.81
联泰大都会	3.87	0.00	82.26	13.86
中法人寿	0.00	0.00	100.00	0.00
中新大东方	17.73	6.08	72.20	4.00

资料来源：2009 年《中国保险年鉴》。

表 3 - 18　　　　2009 年外资寿险公司各营销渠道所实现的保费收入占比　　　　单位:%

公司	营销渠道			
	个人代理	专业中介	兼业代理	直销
友邦	81.37	0.77	14.44	3.42
华泰人寿	8.08	0.00	90.77	1.14
中宏人寿	99.97	0.00	0.03	0.00
原太平洋安泰	98.30	0.22	0.96	0.52
中德安联	20.91	5.45	72.23	1.41
金盛人寿	33.00	7.16	31.31	28.53
交银康联	62.57	14.57	21.11	1.75
信诚人寿	66.47	0.00	32.68	0.84
中意人寿	9.84	4.20	62.60	23.36
光大永明	20.68	0.00	73.93	5.38
原首创安泰	42.21	5.09	52.69	0.02
原海尔纽约	74.00	0.00	4.12	21.88
中英人寿	19.98	18.77	59.87	1.37
海康人寿	10.81	30.26	49.30	9.63
招商信诺	0.00	0.02	99.98	0.00
长生人寿	39.01	0.00	11.14	49.85
恒安标准	20.48	14.17	62.43	2.92
瑞泰人寿	0.00	19.73	79.09	1.19
中美大都会	15.56	0.14	83.75	0.55
国泰人寿	22.48	0.52	55.14	21.85
中航三星	16.35	0.00	79.66	3.99
联泰大都会	10.40	0.00	34.77	54.83
中法人寿	0.00	0.00	100.00	0.00
中新大东方	22.22	3.04	70.51	4.23
君龙人寿	20.61	0.00	73.53	5.86
新光海航	10.63	13.91	66.41	9.06

注:本表未考虑天安人寿和汇丰人寿。

资料来源:2010 年《中国保险年鉴》。

以友邦、中宏人寿、原太平洋安泰、原海尔纽约、信诚人寿等为代表的外资寿险公司对个人代理渠道比较倚重。特别是中宏,个人代理渠道几乎是该公司保费收入的唯一渠道。从近几年的情况来看,尽管这些公司不同程度地加强了对兼业代理渠道和直销渠道的重视程度，但是 2008 年、2009 年它们通过个人代理渠道所实现的保费收入仍然占全部保费收入的一半以上。与此形成对比的是，招商信诺、瑞泰人寿、中法人寿完全没有拓展个人代理渠道。

以中法人寿、招商信诺、华泰人寿、中德安联、瑞泰人寿、光大永明等为代表的外资寿险公司对银行、邮政等兼业代理渠道更为重视。特别是中法人寿和招商信诺，由于中方股东有着银行和邮政的背景，2008 年、2009 年其保费收入几乎全部来自兼业代理渠道。与此形成对比的是，中宏人寿、原太平洋安泰、原海尔纽约的兼业代理渠道拓展则非常有限。

以金盛人寿、原中保康联、中英人寿、海康人寿、恒安标准等为代表的外资寿险公司则在各个渠道上都有所拓展，它们在各渠道之间保持着相对均衡的结构。

以长生人寿、联泰大都会为代表的外资寿险公司对直销渠道也给予了足够的重视，2009 年，直销渠道成为这两家公司的第一营销渠道。

■■■（二）外资产险公司的营销渠道战略

在理论上，财产保险公司的营销渠道也可以分为个人代理、专业中介、兼业代理、直接销售四个渠道，但就我国的外资产险公司而言，由于其业务范围主要集中于责任险、货运险、企财险等非车险业务，这些业务的需求弹性比较小，技术含量和专业要求比较高，再加上目前我国外资产险公司的经营区域还比较狭窄，这些因素使得外资产险公司在营销渠道的拓展上更多地依赖于本公司的直接销售部门、专业的保险代理公司和保险经纪公司，而对兼业代理机构和个人代理人的依赖程度比较低（美亚、安盟、利宝等少数几家外资产险公司对个人代理人有较多的依赖）。

■■■（三）对外资保险公司营销渠道战略的评价

综合以上分析我们可以看到，在与中资保险公司的激烈竞争中，外资保险公司十分重视积极拓展营销渠道，但由于诸多因素的影响，外资寿险公司与外资产险公司形成了不同的营销渠道战略。

就外资寿险公司而言，其营销渠道的战略特征可以概括为"总体上的趋同"和"个体上的分化"。所谓"总体上的趋同"，是指随着外资寿险公司的不断发展和壮大，外资寿险公司与中资寿险公司在营销渠道的选择上趋于一致。这体现在无论是外资寿险公司，还是中资寿险公司，个人代理和兼业代理都是两个最重要的营销渠道，而专业中介和保险直销两个渠道的地位则要次要得多。这也意味着外资寿险公司与中资寿险公司之间的未来竞争将更加激烈。所谓"个体上的分化"，是指从微观层面来看，受到公司传统、股东背景等因素的影响，外资寿险公司之间在营销渠道的选择上存在着很大的差异。比如中宏、友邦等少数外资寿险公司把个人代理作为第一营销渠道，而招商信诺、中法人寿、中德安联等大部分外资寿险公司把银行、邮政等兼业代理机构作为第一营销渠道，金盛人寿、中英人寿等外资寿险公司则对每个渠道都进行了拓展，并注意维持一个相对均衡的渠道结构。"总体上的趋同"和"个体上的分化"现象之间并不矛盾，它们从不同视角刻画了外资寿险公司的营销渠道战略，是"一个硬币的两面"。

相比之下，外资产险公司的营销渠道战略要简单得多。在业务经营范围受限和区域经营范围过窄的双重约束下，外资产险公司没有必要也没有能力拓展多方面的营销渠道。在这种情形下，直销渠道以及专业中介渠道是大多数外资产险公司的最优渠道选择。

五、外资保险公司的区域发展战略及评价

■■■（一）外资寿险公司的区域发展战略

根据入世协议，我国加入世贸组织时，允许外国寿险公司、非寿险公司在上海、广州、大连、深圳、佛山提供服务。在我国加入世贸组织2年内，允许外国寿险公司、非寿险公司在北京、成都、重庆、福州、苏州、厦门、宁波、沈阳、武汉和天津十个城市提供服务。在我国加入世贸组织后3年内，取消地域限制。

为了更清晰地把握外资寿险公司的区域发展战略，本章将从两个方面进行考察：一是外资寿险公司在华总部所在地城市的分布情况；二是目前外资寿险公司的经营区域分布情况。

➡ 1. 外资寿险公司在华总部所在地城市的分布情况

总的来说，外资寿险公司基本都把在中国的总部选择在上海、北京、天津、广州等国家中心城市和地区中心城市。从表3-19我们可以看到，截至2011年6月30日，在目前的24家外资寿险公司当中，有12家也即一半的外资寿险公司把总部所在地城市选择在上海，6家把总部选择在北京，另外6家分别选择在天津、广州、深圳、重庆、大连和厦门。

表 3-19 外资寿险公司在华总部所在地城市的分布情况

（截至 2011 年 6 月 30 日）

注册地所在城市	公司数量	公司名称
上海	12 家	友邦、中宏人寿、中德安联、金盛人寿、交银康联、海尔保险、海康人寿、长生人寿、国泰人寿、中美联泰大都会、中航三星、汇丰人寿
北京	6 家	瑞泰人寿、中英人寿、中意人寿、中法人寿、华泰人寿、新光海航
天津	1 家	恒安标准
广州	1 家	信诚人寿
深圳	1 家	招商信诺
重庆	1 家	中新大东方
大连	1 家	中荷人寿
厦门	1 家	君龙人寿

注：由于天安人寿（原恒康天安）、光大永明和建信人寿（原太平洋安泰）这三家公司已经转为中资公司，故本表未将其列入。另外，中美大都会和联泰大都会合并之后的总部设在上海。

2. 外资寿险公司的经营区域分布

从外资寿险公司现有的经营布局来看，基本上大部分外资寿险公司都在长三角（上海、江苏、浙江）、珠三角（广东）以及环渤海地区（北京、天津、山东、辽宁）等发达地区开设了分支机构。除了这些地区之外，少部分外资寿险公司近年来也开始在湖北、湖南、广西、四川、陕西等中西部地区涉足（见表3-20）。值得注意的是，尽管很多外资寿险公司已经成立十年左右了，但是这些公司却基本上以每年 1 家分公司的平均速度扩张，扩张速度比中资寿险公司每年 2~3 家（甚至更多）分公司的速度要慢。

表 3-20 外资寿险公司的经营区域分布情况

（截至 2011 年 6 月 30 日）

序号	公司名称	主要经营区域
1	友邦	上海、广东、北京、江苏
2	中宏人寿	上海、北京、广东、浙江、江苏、四川、山东、福建、重庆、辽宁、天津
3	中德安联	上海、广东、浙江、四川、江苏、北京、山东
4	金盛人寿	上海、广东、北京、天津、辽宁、江苏、浙江
5	信诚人寿	广东、北京、江苏、上海、湖北、山东、浙江、天津、广西、福建、河北、辽宁
6	交银康联	上海

续表

序号	公司名称	主要经营区域
7	中意人寿	北京、上海、广东、江苏、辽宁、四川、陕西、山东
8	海尔纽约	上海、山东、四川、江苏、湖北
9	中荷人寿	北京、辽宁、山东、河南、安徽、天津
10	中英人寿	广东、北京、四川、福建、山东、湖南、河北、江苏、辽宁、湖北、河南
11	海康人寿	上海、北京、江苏、山东、浙江、广东、天津、河北、湖北
12	招商信诺	广东、上海、北京、湖北、江苏、浙江、四川、山东
13	长生人寿	上海、江苏、浙江、北京
14	恒安标准	天津、北京、江苏、山东、辽宁、四川、河南、广东
15	瑞泰人寿	北京、上海、广东、江苏、浙江、重庆
16	中美联泰大都会	上海、北京、辽宁、重庆、广东、江苏、浙江、四川、湖北
17	中法人寿	北京
18	华泰人寿	北京、浙江、四川、江苏、山东、上海、河南、福建、湖南
19	国泰人寿	上海、江苏、浙江、福建、北京、山东、广东、辽宁、天津
20	中航三星	北京、天津、山东
21	中新大东方	重庆、四川、陕西
22	君龙人寿	厦门
23	新光海航	北京、海南
24	汇丰人寿	上海

注：本表所指的经营区域是指已经设立分公司的区域，不包括正筹建分公司的区域。另外，由于天安人寿（原恒康天安）、光大永明和建信人寿（原太平洋安泰）已经转为中资公司，故本表未将其列入。

资料来源：各公司网站。

■■■ （二） 外资产险公司的区域发展战略

由于我国入世协议对外资寿险公司和外资产险公司在经营区域上的限制政策完全相同，因此，我们也将从外资产险公司在华总部所在地城市分布情况以及外资产险公司的经营区域分布情况两方面进行分析。

➡ 1. 外资产险公司在华总部所在地城市的分布情况

与外资寿险公司相比，外资产险公司总部所在地城市的分布情况比较类似。从表 3－21 中我们可以看到，截至 2011 年 6 月 30 日，我国 20 家外资产险公司中，有 9 家把总部所在地选择在上海，有 3 家选择在北京，另外 8 家分别选择广州、重庆、大连、成都、天津、南京、深圳和厦门,这些城市同样基本是国家中心城市和地方中心城市。

表3－21　　　　　　　　外资产险公司总部所在地城市的分布情况

（截至 2011 年 6 月 30 日）

注册地所在城市	公司数量	公司名称
上海	9 家	美亚、东京海上、丰泰、太阳联合、丘博、三井住友、三星产险、国泰产险、信利保险
北京	3 家	苏黎世、现代产险、中意产险
广州	1 家	安联
重庆	1 家	利宝
大连	1 家	日本财产
成都	1 家	安盟
天津	1 家	爱和谊
南京	1 家	乐爱金
深圳	1 家	日本兴亚
厦门	1 家	富邦产险

2. 外资产险公司的经营区域分布情况

在经营区域的布局上,外资产险公司主要还是集中于北京、上海、广东、江苏等东南沿海的经济发达省份和城市,涉足中西部省份的外资产险公司并不多。因此,相比于外资寿险公司,外资产险公司的经营区域范围要小得多（见表3－22）。

表3－22　　　　　　　　外资产险公司的经营区域分布情况

（截至 2011 年 6 月 30 日）

序号	公司名称	主要经营区域
1	美亚保险	上海、北京、广东
2	东京海上	上海、广东
3	丰泰保险	上海
4	太阳联合	上海、北京、江苏
5	丘博保险	上海、江苏
6	三井住友	上海、广东、北京、江苏
7	三星产险	上海、北京、江苏、山东、广东

序号	公司名称	主要经营区域
8	日本财产	大连、上海、广东、江苏
9	利宝	重庆、北京、浙江
10	安联	广东
11	安盟保险	四川
12	苏黎世保险	北京
13	爱和谊	天津
14	现代产险	北京
15	中意产险	北京、大庆、上海
16	国泰产险	上海、江苏、福建、广东、浙江、山东
17	兴亚产险	广东
18	乐爱金	江苏
19	富邦产险	福建
20	信利保险	上海

注：本表所指的经营区域是指已经设立分公司的区域，不包括正筹建分公司的区域。

资料来源：各公司网站。

■■■ （三） 对外资保险公司区域发展战略的评价

通过前面的考察分析可以发现，在区域发展战略上，外资寿险公司和外资产险公司存在着明显的共性。这表现在，无论是外资寿险公司还是外资产险公司，基本都把在中国的总部所在地放在了上海、北京等经济中心城市，而在经营区域布局上，二者也基本都把长三角、珠三角、环渤海等东南沿海地区作为战略"桥头堡"，并在此基础上逐步对中部地区和西部地区进行渗透。

外资保险公司重视和优先布局沿海经济发达省市，原因不外乎以下三点：第一，沿海经济发达省市的人均收入比较高，对保险的购买意愿和支付能力都比较强；第二，沿海经济发达省市的各种基础配套设施比较完善，区位优势明显，投资环境优越；第三，沿海经济发达省市聚集了数量众多的外资企业，这些在华的外资企业一直都是外资保险公司外方股东（或母公司）的重要客户，因此，为了维持这些客户关系，各家外资保险公司也都采取了"追随战略"（外资产险公司表现最为明显）①。

---

① 此外，郑伟（2011）的研究表明，东部地区保险市场尚具有很大的发展潜力和空间。以可比意义的"相对于经济发展的保险业发展水平"来衡量，如果说近年来中国保险业在东、中、西三大区域间的发展出现不均衡，则主要表现为东部地区相对落后，即相对于东部的经济发展，东部地区的保险业发展落后了。

需要指出的是，外资寿险公司在经营区域的扩张上比外资产险公司起步更早、范围也更广。从前面几张表的统计我们可以看到，就平均经营区域范围而言，外资寿险公司要比外资产险公司广得多。一些外资寿险公司比如中宏人寿、信诚人寿、中英人寿、海康人寿、国泰人寿等都已经在 10 个左右的省市开展了经营，而像三星产险、国泰产险等外资产险公司最多也只在 5 个左右的省市实现了布局。造成外资寿险公司和外资产险公司在经营范围上的差距的原因与二者的组织结构有着密切的关联。根据我国的入世协议，不少外资产险公司最初基本是以分公司的形式进入我国保险市场的，它们每开设一家分公司的成本远比合资寿险公司开设分公司的成本要高（具体原因详见组织机构战略部分）。因此，过高的资金成本使得外资产险公司在区域扩张上进展较慢。但需要说明的是，2005年以来，不少外资产险公司已经陆续完成了"分转子"的转变，并且一些外资产险公司在设立时就获得了子公司的身份，在这种新形势下，外资产险公司区域扩张的步伐正在逐步加快。

六、外资保险公司的人才发展战略及评价

■■■ （一）外资寿险公司的人才发展战略

对于寿险业来说，人才永远都是具有基础性、决定性的重要资源。因此，组建一支高水平的人才队伍，从而切实保证公司的经营理念得到贯彻、经营任务得到执行，是每一家外资寿险公司立足和抢占中国市场的关键。从近些年的情形看，面对中国保险业人才整体短缺的现实，外资寿险公司不得不把人才队伍的培养和建设作为开拓中国市场的战略性任务，并付出了诸多心血和努力。外资寿险公司的人才发展战略具体体现在三个方面。

第一，培养和打造"基础人才"。所谓"基础人才"，主要是指外资寿险公司中从事营销工作的代理人以及从事核保、理赔、投资等内勤工作的专业人员。特别是保险代理人，由于他们的专业水平和服务品质直接代表着公司的形象，地位特殊，并且人数众多，因此不少外资寿险公司，比如友邦、中宏人寿、信诚人寿、首创安泰等都特别重视对保险代理人队伍的培养，并把这一任务作为公司发展的基础性工作。以友邦为例，友邦在筹建分公司的过程中，不挖同业的墙角，而是选择没有任何行业经验的新人进行严格而系统的培训，以培养出能代表友邦经营理念和价值观的优秀人才，并向客户传播正确的保险理念。从 2009 年的数据来看，友邦有着超过 25 000 人的寿险营销员，中宏人寿、信诚人寿和中德安

联也都有着超过 10 000 人的寿险营销员规模，它们的规模在外资寿险公司中居于最前列。另外，一些外资寿险公司比如金盛人寿所创设的理财顾问模式、恒安标准所推出的职员制营销模式、中美联泰大都会所发展的顾问营销渠道，等等，都是对寿险营销基础人才的培养。

第二，引进和吸纳"管理人才"和"技术人才"。除了高素质的保险代理人，外资寿险公司还面临着管理人才和技术人才的缺口，比如分公司总经理、部门经理、精算师、核保理赔、培训师、客户服务、投资专家等。由于从公司内部培养这些人才起码需要 3 ~ 5 年的时间，"远水解不了近渴"，因此为了尽早实现公司的经营与扩张，一些外资寿险公司往往也会选择对同行业的中资寿险公司进行人才引进。此外，对于行业之外的特殊技术人才，比如国有金融机构中掌握着不少政府资源和客户资源的人，特别是位于重要岗位的有一定职务者，也成为外资寿险公司的引进对象。

第三，委派和选拔"决策人才"。所谓"决策人才"，主要是指外资寿险公司的核心管理层人员。由于这类人员必须熟稔外资寿险公司总部的企业文化和经营理念，管理经验丰富，能够迅速地学习和适应新的市场环境，并且能够坚决地执行总部所拟订的各种经营战略，因此，在各家外资寿险公司成立之初，其决策人才几乎全都由总部直接委派。随着各家外资寿险公司的经营逐步深入，一些外资寿险公司在决策人才的选择理念上开始出现了转变，这表现在它们开始使用一些有着国外生活和教育背景的专业人士以及在港澳台等亚太区域市场上有着丰富经验的管理人才。当然，在这一过程中，一些本土的优秀管理者也开始有更多的机会进入外资寿险公司的核心管理层。

■■■ （二）外资产险公司的人才发展战略

外资产险公司的人才发展战略与外资寿险公司有一定的相似性，这表现在作为中国产险市场的外部进入者，外资产险公司也面临着各种人才的巨大缺口，从营销人员到专业技术人员，从一般管理者到高级管理者……在这种情形下，外资产险公司也不得不采取多种手段组建人才队伍，包括培养人才、引进人才、委派人才等。

然而，外资产险公司的人才发展战略仍然与外资寿险公司存在着明显的区别。首先，就发展规模上看，外资产险公司对包括营销员在内的各种基础人才的培养数量大大少于外资寿险公司。由于业务性质的差异，再加上外资产险公司的数量和经营区域均大大少于外资寿险公司，产险公司对营销员的依赖程度远低于寿险公司，对其他专业人才的培养和引进规模也都比较小。根据 2009 年的统计，外资产险公司的人员规模普遍只有数百人，即便保费收入最高的美亚保险，其全部员工也只有925人，这一数字大大低于友邦、中宏人寿、信诚人寿等外资寿险公司的人员规模。其次，就发展理念上看，外资产险公司对人才队伍的"质"和"量"都有着比较严格的控制，在人才队伍的扩张上相对审慎。如前所述，外资产险公司在组织形式上基本都是独资性质的子公司，这种组织形式意味着外资产险公司的外方股东（或母公司）对其经营的诸多方面都有着较强的控制，其中包括人才的结构和规模。事实上，在目前很多外资保险公司的组织结构中，其董事会成员、监事会成员基本均为外方股东（或母公司）所委派的，本土从业人员的比例非常低。

■■■（三）对外资保险公司人才发展战略的评价

通过前面的分析我们可以看到，面对中国保险业人才短缺的挑战，外资寿险公司和外资产险公司不得不采取包括培养人才、引进人才和委派人才等在内的多种手段，实施积极的人才发展战略。外资保险公司在人才发展战略上的积极作为，是应对挑战、寻求生存的需要，也是为了今后更好发展的需要。从长远来看，外资保险公司的人才发展战略既能使自己受益，也能使整个中国保险业受益。

就具体的人才发展战略而言，尽管外资寿险公司和外资产险公司之间在实施手段上存在着一些相似性，然而，二者之间的差异也很明显，而导致这些差异出现的原因是多方面的，其中包括产险和寿险的业务性质差异、经营规模和经营区域的差异以及二者在组织形式上的差异。

结　语

本章从组织结构、产品、营销渠道、区域发展、人才发展五方面考察了入世十年来外资寿险公司和外资产险公司的经营战略，通过考察我们可以得出如下几点结论：

第一，政策限制使得外资保险公司并不能完整和彻底地实施自己的经营战略。尽管入世十年来，我国早已兑现了保险业入世之初的承诺，然而，外资保险公司的实际经营仍然在一定程度上受到了制约，比如寿险市场上的"合资经营模式"以及产险市场上的车险业务限制。从这个意义上说，对于外资保险公司的潜在竞争力，我们并不能低估。

第二，外资寿险公司的进入对中国保险业产生了技术溢出效应。这种技术溢出效应不仅仅体现在外资保险公司引入了创新型产品和创新型制度，同时还体现在外资保险公司的进入对整个中国保险市场起到了"鲶鱼效应"的作用，激发了中资保险公司的竞争意识。

第三，外资保险公司正面临着中资保险公司越来越强大的竞争压力。在政策的保护下，中资保险公司在入世十年来获得了宝贵的学习和成长的时间和空间，并在与外资保险公司的竞争中略占上风，尽管这种竞争并不绝对公平，但是中资保险公司综合竞争力不断提升已是不争的事实。

第四，外资保险公司的经营战略有待调整。尽管许多外资保险公司的经营战略已经在其他国家的市场上得到了检验，然而，面对保险市场尚不成熟、并且正处于向市场经济转型的中国，这些战略出现了"淮南为橘，淮北为枳"的尴尬困境。因此，立足中国现实，"本土化"取向成为未来外资保险公司进一步发展的不二法门。

第五，外资保险公司之间的分化趋势将进一步加剧。尽管外资保险公司在进入时都有着美好的愿景，但随着外部竞争程度的强化以及自身实力的不断变化，外资保险公司之间难免会出现优胜劣汰的结局。届时，并购与重组不可避免，而一些外资寿险公司将会彻底退出中国市场。

本章参考文献

1. 安东尼·史蒂文斯：《寿险公司的战略选择》，载《金融实务》2010 年第 10 期。

2. 李硕：《外资保险合资之痛》，载《IT 经理世界》2005 年 3 月 5 日，48～49 页。

3. 苏微佳：《外资股东撤离合资寿险 参股中资寿险以退为进》，载《解放日报》2010 年 4 月 13 日。

4. 王梅丽：《14 家外资财险本土化转制，扩张缓慢市场份额低》，载《南方都市报》2010 年 6 月 30 日。

5. 王梅丽：《看外资寿险如何熬过七年，借新品和人才止痒》，载《南方都市报》2010 年 8 月 20 日。

6. 薛玉敏：《外资寿险份额剧降：惊现五大缩水王，友邦坠落》，载《投资者报》2010 年 8 月 2 日。

7. 张文伟：《外资寿险公司现状 领导力是执行关键》，载《保险经理人》2010 年 1 月。

8. 赵晓菲：《外资财险份额 5 年连续缩水，越挫越勇加速圈地》，载《证券时报》2010 年 8 月 12 日。

9. 郑伟：《中国保险业发展研究》，经济科学出版社 2011 年版。

第四章 保险市场对外开放的国际比较

引　言

　　不同国家的保险市场开放并非遵循同一模式，由于各国保险业发展水平、经济金融政策等方面存在差异，并受到不同政治经济环境和事件的影响，它们在对外开放的时机、程度、速度、监管政策等方面做出了不同的选择。这里，我们按照一国保险市场对外开放的进度与程度将目前的开放模式分为两类：快速充分开放和逐步有限开放。需要注意的是，每个国家对外资机构的进入都存在或多或少的限制，这里所指的"充分开放"和"有限开放"是相对而言的开放程度："充分开放"国家的限制更少，对外资保险机构的待遇更贴近本土企业；而"有限开放"不仅可以指开放程度较低，也包括一些分阶段的开放。保险市场对外开放的程度还可以用自由化指数①来描述，它基于入世协议中对跨界贸易、境外消费以及商业存在这三种模式的承诺。自由化指数位于 0 和 1 之间，其中 0 代表没有对上述三种模式的任何一个做出承诺，而 1 代表对上述三个模式都做出了全面承诺。本章将对这两种类型的特点进行比较分析，并结合典型国家的具体开放过程分析开放动因及影响。

---

① Mattoo，Aaditya，"Financial Services and the WTO：Liberalization Commitments of the developing and Transition Economies"，1998，World Bank.

一、快速充分开放

快速充分开放是指开放进度较为迅速，且开放程度较大的模式，按其开放动机又可以进一步分为主动型开放和被动型开放两种类型，其典型国家以及相关法规制度特点与保险市场潜力如表4-1所示。

表4-1　　　　　　　　　　　快速充分开放市场的类型和特点

类　　型	典型国家（地区）	法规制度特点	保险市场潜力
主动型开放	美国、加拿大、中国香港	成熟，基本定型	较小
被动型开放	日本、智利、印度尼西亚、南非、摩洛哥、匈牙利	不完善	较大

▨▨ （一）主动型开放

➡ 1. 模式介绍

主动型开放多见于发达国家（地区）。这些国家（地区）由于具有自身经济水平高、金融市场发展成熟、保险创新能力强等优势，大多选择主动开放保险市场，其中以美国、加拿大为代表的发达国家开放较为充分，能够在法律、政策上给予外资保险机构充分的市场准入机会和平等的国民待遇。高开放程度促进了保险市场的繁荣。与此同时，发达国家的保险机构主动寻求进入其他市场，顺应经济全球化的趋势，分享新兴国家经济增长的收益。根据美国商务部对美国保险公司跨国经营调查的数据显示，美国保险公司跨国经营业绩的增速是国内经营增速的两倍，并且相对赢利性更强[1]。

➡ 2. 典型国家（地区）

（1）美国。

美国是世界上最大的保险市场，公司数量众多，业务种类齐全，资产规模庞大，保费收入约占全球保费收入的1/3，同时它也是世界上最大的保险服务输出国。美国是西方发达国家中贸易自由化和金融放松管制的主要倡导者，对保险市场的开放有主动的需求。

---

[1]　Jenning, J., 1998, "Commerce Dept. Study: Go Global", *National Underwriter*, 102（2）: 19.

在开放进程方面，美国寿险和非寿险的自由化指数分别为 0.64 和 0.69，它并没有设置太多直接壁垒限制对外开放，保险监管奉行公平、宽松的市场准入原则，保险公司只要满足一些基本条件即可获准经营业务。虽然美国的保险监管责任归于各州，外资保险公司若想进入美国市场，需要做多次申请，但美国联邦政府一直在有选择地对州保险监管进行干预，如对于外国公司承保部分特殊和高风险保险，可以以被列入美国国家保险监督官协会（NAIC）的一个特殊名册的方式进行，NAIC 通过最低偿付能力的监管和在美国设有信托基金来管理这些公司，他们无须注册，可不受州保险监督部门的管理。在 1997 年 12 月达成的全球金融服务贸易协议中，美国放宽了关于跨州业务的规定，并承诺发展中国家若在美国设置新的营业机构，将给予最惠国待遇。1999 年美国颁布金融现代化法案，取消了大部分金融领域之间竞争的限制，开始允许金融控股公司（FHC）的设立，也即允许银行通过设立子公司的方式经营保险。这些政策的出台都显示出政府对保险市场开放的扶持与鼓励。

但外资保险公司在美经营业务也并非轻而易举，从间接角度看也有一定的障碍。首先，各州的保险监管法律时有差别，使得市场准入限制也有所不同，外资保险公司若想在多个州经营业务，需要在每个州单独申请。其次，在国民待遇上，对于外国公司向东道国居民或法人提供的跨境服务有所限制，限制的方式包括加收联邦执照税和限定保险业务等。再次，一些州规定再保险业务不向非美国保险人开放。在保险中介服务上，代理人、经纪人、理赔人等许多与保险业有关的职业一般都仅限于本州居民。此外，由于外国公司进入美国是以收购美国保险公司的方式为主[①]，出于保障国家安全的考虑，美国逐渐加大了外资审查的力度。2006 年 7 月 26 日，美国国会参众两院分别通过了一项旨在加强对外资收购美国资产进行管制的法案，该法案要求美国海外投资委员会（CFIUS）在审核外资收购美国资产的过程中，额外增加 45 天的国家安全审核时间。2008 年，美国财政部出台关于外资与国家安全提案，提出将原有的外资持股不大于 10% 即可不受审查改为只要外国投资委员会对外资的投资目的存有疑虑，都可以进行审查。

总体来说，对于要进入美国的保险公司来说，美国为其提供了有利的长期发展环境。在开放效果方面，目前，数家全球性的金融机构在美国的发展都取得了很大的进展，尤其是在年金市场的争夺方面。如英国英杰华集团（Aviva）下属的美国英杰华人寿年金保险公司（Aviva USA），总部位于得梅因，目前是美国

---

① Cummins, David J. and Bertrand Venard, 2008, "Insurance Market Dynamics: Between Global Development And Local Contingencies", *Risk Management and Insurance Review*, 2008, Vol. 11, No. 2, 295 – 326.

第一位固定指数人寿保险和第一位固定指数年金承保商，拥有超过 100 万客户①。德国安联集团（Allianz Group）位于北美的安联人寿保险公司（Allianz Life Insurance Company of North America）自 2000 年至今保费规模年增长率为 400%，业务主要涉及寿险、年金、长期护理保险等②。1986 年英国保诚集团收购美国杰信人寿保险公司（Jackson National Life），专注于退休产品，目前该公司已成为美国定额年金和变额年金市场的领军者，通过独立保险经纪人渠道达成的变额年金交易额已经连续八年（2003～2010 年）居于美国首位。2010 年杰信的变额年金新单保费 146 亿美元，在全美位列第三③。法国安盛集团（AXA）1859 年在纽约成立安盛公正人寿保险公司（AXA Equitable Life Insurance Company），早在 1968 年，安盛即在美国推出首款变额年金险产品。在美国这个全球最大最具竞争力的变额年金市场中，安盛数十年来一直是强劲的竞争者，2010 年安盛公正人寿的变额年金新单保费 62 亿美元，位列第七④。荷兰国际集团（ING Group）在美国为个人和机构客户提供包括年金、退休计划、寿险、共同基金、管理账户等在内的综合金融服务，在退休计划市场位居美国前三位。2010 年 ING 在美的变额年金新单保费 41 亿美元，位列第十⑤。

（2）香港。

香港保险市场开放的动因在于维护其国际自由贸易港和金融中心的地位，开放基本上是主动型的。

在开放进程方面，香港寿险和非寿险的自由化指数分别为 0.67 和 0.59，虽然在这两个市场上开放程度并不是显著地高，但香港试图将自己建设成为世界自保中心，政府采取优先开放间接市场，合理保护直接保险市场的做法，极力创造各种便利条件，以"最大的支持和最小的干预"为口号，实行低税率和地缘概念的税收政策，即仅在香港本土从事的交易获取的利润要纳税，而离岸收入和在香港外的投资收益不用纳税⑥。优先发展再保险市场，既符合加入世界贸易组织的要求，又对保护和促进本地区保险业极为有利，也有助于维护经济的安全性。

香港拥有 200 多家保险公司，其中近一半是经营再保险业务的专门机构，再保险费收入超过当年一般直接业务保费的 1/3，是香港整体保险业的一个重要组

---

① http://www.aviva.com/about-us/aviva-worldwide/north-america/usa/.

② https://www.allianz.com/en/about_allianz/regions_countries/americas/usa/page1.html? tab = 1.

③ http://newspaper.jfdaily.com/xwwb/html/2011 - 06/29/content_602970.htm.

④ http://www.axa-equitable.com/axa/about-axa-equitable.html.

⑤ http://ing.us/about-ing/company-overview.

⑥ 魏华林、李开斌：《保险发达国家和新兴市场保险业发展的产业政策特点》，载《武汉大学学报》2002 年第 4 期。

成部分。世界各大再保险公司都在香港设立了分支机构或成立区域中心。这样一个开放、竞争市场的形成，就是由于香港对保险业采取了"不干预"政策，以《英国保险法》为蓝本制定了《保险公司条例》，采用公示主义的监管方式，推广自由化、国际化、公平化的政策，实行开放式的市场进出制度。同时，香港无外汇管制，市场透明度高，有大量的专业保险人才。

过去数十年来，外资保险公司进驻香港，世界各地先进及专业的技术得以引进，使得香港保险业在公司管理、产品开发、服务素质和赔偿等方面都具有较高水平。在香港弹丸之地上，超过 200 家保险公司长期竞争发展，使香港保险市场成熟、专业并且日臻完善。

■■■（二）被动型开放

➡ 1. 模式介绍

被动型开放是指一国（地区）在内部和外部的双重压力下，不得不对外开放保险市场。一方面，这些国家的保险市场在封闭运营的情况下，出现了一些自身较难解决的矛盾，或者由于市场不发达、技术不完善等原因，许多保险资源未被开发利用，需要通过对外开放，借助外部先进的力量进行改革。另一方面，一些保险业较为完善的发达国家保险市场已经趋向饱和，潜力较小，保险资源有限，市场竞争激烈，他们往往希望通过抢占新兴保险市场或进入尚有空间的其他发达国家市场来获取更大的市场机会，在全球化的新形势下提升其全球竞争力。同时，发达国家又有能力来实行其全球战略，在不平等的国际秩序中，发达国家往往起着主导作用，他们能够通过对发展中国家施加开放保险市场的压力，然后迅速进驻新兴保险市场，抢占保险资源，进行渗透。

被动型开放的国家（地区）迫于特殊的经济金融形势和发达国家的压力，再加上国内经济快速发展带来的开放需求，纷纷将本国保险市场较大程度地对外资开放，给予外国保险服务提供者较为充分的市场准入机会和平等的国民待遇。这种不加限制的开放容易导致外资控制本国市场、本土企业难以发展的局面，现在采用这种方式开放保险市场的国家越来越少。

➡ 2. 典型国家（地区）

（1）日本。

日本寿险市场对外开放始于 1973 年，自 1973 年 2 月美国人寿保险公司首先进入日本保险市场以来，一些外国寿险公司也开始（外资比例等于或大于 50%）

在日本经营寿险业①。20 世纪 80 年代以后，日本经济由高速增长转为逐渐放缓，金融业发展的滞后也不断显现，资金过剩的情况尤为明显。同时，由于美国不断施加压力，要求日本放开金融市场、推行金融自由化，日本迫于内外双重压力，从 20 世纪 90 年代中期开始了一系列金融改革，其中就包括保险业的全面对外开放。

当时，日本的保险市场规模居世界第二，仅次于美国，但日本保险市场的对外开放程度非常低，允许外国保险公司进入的主要是"第三类保险市场"，即医疗、事故等保险的业务领域，这是 1994 年 10 月美国和日本达成的保险备忘录中规定的。虽然日本将这一领域划拨给了外国保险公司，即这一领域中的业务主要由外国保险公司经营，但这类业务的份额只占日本保险市场总额的 3.5%，外国保险公司远不满足。

过度保护的市场本身也存在问题。日本保险业长期处于政府保护之下，缺少竞争，效率低下，活力不足，市场机制的发挥需要通过开放引进竞争。在美国的压力下，美日双方达成了日本保险市场开放的协议，根据协议，日本人寿保险与包括汽车和火灾在内的非人寿保险市场将在 1998 年底前自由化。此外，外国保险公司已占优势的第三类特种保险市场，日本保险公司也可以进入，但将在 2001 年之前给予外国公司必要的保护。

1996 年 4 月，日本《保险业法》修订，打破了分业经营界限，初步放开了企财险的费率限制；同年 12 月签订的《日美保险协定》正式打开了日本国门，这种开放不仅对两国而言可以互相进入对方的经营领域，更重要的意义在于加速了日本保险市场的自由化，费率被进一步放开，混业经营范围扩大（可以进入证券领域）。

由于 20 世纪 90 年代寿险公司过于注重扩大规模，销售了大量高利率保单，金融危机下的利差损问题使得数家日本寿险公司破产，其中还包括日产生命保险公司。1998 年 12 月，日本保险业监管机构决定设立寿险业保单持有人保护机构，对濒临破产的保险公司实施救助，并由此将监管中心转向偿付能力监管，加强信息披露，分阶段放开费率审批制度。银行保险的放开也从 2001 年起推进，至 2007 年正式放开。

自由化和对外开放对日本保险业带来了以下几个方面的效果：

保险市场竞争加剧。日本保险市场的自由化程度较高，其寿险和非寿险的自由化指数分别为 0.85 和 0.88，在发达国家中是最高的。市场开放后保险市场竞

---

① 李鸿敏、庹国柱：《日本保险行业协会的发展模式及其启示》，载《保险研究》2009 年第 10 期，第 109 ~ 117 页。

- -

争者数量大大增加，随之而来的合并数量也不断增加。相应的商品、服务变得多样化，各保险公司更加注重根据个人、企业的需求设计开发新产品，随着费率逐渐市场化，这种竞争的效应逐渐显现。但竞争也导致了市场一定程度的萎缩，这是由于各保险公司纷纷降低保费，使得保费收入大幅下降。据统计，2006 年日本的原保费收入仅为 1996 年的八成左右。

对保险公司风险管理的要求大幅提高。偿付能力管理在 1998 年的启动起到了一些效果，但保险公司的资产负债管理、风险管理水平、混业经营能力还有待提升。

外资进入在一定程度上损害了日本保险业界的利益。例如双方的监管权限不对等，在谈判中美国提出由美国贸易代表办公室负责监管，但该机构的职责只是负责制定和协调美国国际贸易、商品和直接投资政策并引导或指导与其他国家就此类事务的谈判，并没有实际上的监管权力，在实施过程中美国无法履行承诺。

虽然日本保险业已经逐步开放，但日本保险公司的业务发展策略仍然主要偏向于国内，进入全球前十的日本保险公司大都把业务集中于本国市场，所以在某种程度上，并不能将其称之为国际保险公司[1]。

（2）智利。

20 世纪 70 年代以前，智利保险业同许多发展中国家一样封闭运营，逐渐陷入保险资源匮乏、产品单一、无法充分满足本国保险市场需求的困境。1973 年智利军政府执政后，推行美国经济学家弗里德曼的自由市场经济理论，实行全面对外开放的经济改革。在这一背景下，智利保险业于 1980 年开始实行私有化和自由化，并向外国公司全面开放，具体措施包括：废除保险费率及产品的有关法规及监管机制；颁布有关偿付能力法规，以欧盟为依据，但更细化；解除再保险业的垄断，取消强制性分出业务；允许外国公司设立子公司，享受国民待遇，等等[2]。

智利保险市场开放程度之高在当时世界贸易组织所有发展中成员中无出其右。智利保险法律规定，外资保险公司欲申请进入智利保险市场设立保险机构，为智利提供直接保险服务（包括除与社会保障系统有关的直接人身保险服务和直接财产损失保险服务）时，没有任何限制，实行国民待遇；在再保险领域，对欲进入智利保险市场设立再保险机构的外国保险公司，也没有任何

① Ma, Yu-Luen and Nat Pope, 2008, Foreign Share, Insurance Density, And Penetration: An Analysis of International Life Insurance Market, Risk Management and Insurance Review, 2008, Vol. 11, No. 2, 327 – 347.

② 顾祖芬、戴申生：《拉美六国保险业的自由化及其成效》，载《中国保险管理干部学院学报》1998 年第 4 期，第 49 ~ 53 页。

限制，实行国民待遇。在世贸组织"特定承诺表"保险服务贸易部分，智利申明只要满足"保险和再保险有限公司在智利境内成立并只开展保险类业务"和"公司的组建符合法律上有关有限公司的规定"等最基本的条件，其他方面无任何限制①。

对外开放最显著的结果是大量外资保险公司涌入，并掌握了大部分高质量业务，国内保险公司的市场份额迅速下降。2001年，在寿险行业中外资保险公司市场份额超过70%，非寿险领域外资保险公司市场份额也超过60%②。许多知名的国际保险企业，如美国大都会人寿保险公司（MetLife）、荷兰国际集团、英国皇家太阳联合保险集团（Royal & Sun Alliance）、西班牙曼弗雷集团（Mapfre Group）等在智利的市场份额稳居前列。直到2010年，在智利保费收入排行中美国大都会人寿保险公司（MetLife）以3 000亿比索位居寿险行业首位，英国皇家太阳联合以2 069亿比索居非寿险榜首③，足见外资保险公司长久的市场统治力。保险中介市场上，2001年智利前10位的保险经纪公司有六家来自国外，美国达信保险经纪有限公司（Marsh）、美国怡安保险（集团）公司（AON）等外国经纪公司占据了巨大的份额。

对外开放给智利保险业带来的影响还包括：

首先，费率监管的废除和外资公司的迅速进入在短期内给市场带来了剧烈冲击，市场费率迅速下降，火险及地震险的价格立即下降了50%④；保费收入与总保险金额之间的比例从1979年的0.5%下降到1983年的0.28%，1990年为0.11%⑤。价格下降使保费收入甚至出现了负增长⑥，非寿险保费增长率在1982年为 – 12.7%，1983年为 – 3.4%，到1984年回升为16.3%。

不过外资保险公司的经营技术与经验逐渐带动了整个保险业的发展，智利保险业在短暂冲击后迎来了稳定的高速增长期。1981～1990年智利保费收入年均增长率为15.4%⑦，1991～2000年为10.6%，增速领先于巴西、阿根廷、哥伦

① 魏华林、俞自由、郭杨：《中国保险市场的开放及其监管（二）》，载《保险研究》1998年第8期，第12～22页。

② 沈喜忠、杜奎峰、刘辉：《智利保险市场简介》，载《保险研究》2003年第9期，第62～64页。

③ 资料来源：http://www.eiu.com/index.asp? layout = ib3 Article&article_id = 1868174371&country_id = 1500000150&pubtypeid = 1132462498&industry_id = 710001071&category_id = .

④ 顾祖芬、戴申生：《拉美六国保险业的自由化及其成效》，载《中国保险管理干部学院学报》1998年第4期，第49～53页。

⑤ 金禾：《东亚与拉美保险市场比较》，载《上海保险》1994年第1期，第25～28页。

⑥ 1982年和1983年非寿险保费收入的下降不仅是价格的原因，还有整体经济衰退的影响。

⑦ 顾祖芬、戴申生：《拉丁美洲的保险业》，载《中国保险管理干部学院学报》1998年第3期，第48～51页。

比亚、墨西哥、委内瑞拉等拉美强国。智利保险业强劲的发展势头一直延续到 2009 年因金融危机而减缓，不过 2010 年恢复增长，寿险业保费收入增长 22.8%，产险增长 15.7%。

此外，市场自由化和外国保险公司的进入使市场竞争异常激烈，大量本土公司无法适应，市场兼并和淘汰的速度加快。由于兼并和无偿付能力，智利的保险公司数量从 1979 年的 101 家一度减少到 1988 年的 36 家。此后随着经济的发展和寿险业务的大量增长，保险公司的数量又回升到 50 家左右。2010 年智利共有 51 家保险公司，其中寿险 31 家，非寿险 20 家。

残酷的国际竞争使本国的保险公司经受了锻炼，存活下来的本土企业在规模和市场竞争力等方面都有显著提升。2001 年寿险市场保费收入前 10 位的公司中，外资公司占有 6 家，在前 5 位中更是占有 4 家，本土仅有一家 Consorcio Nacional 进入前 5 名；而到了 2010 年，前 10 位的公司中只有两家外资公司，即美国大都会人寿保险公司和信安维达智利（Principal Vida），虽然位居第一的仍是外资公司美国大都会人寿保险公司，但前 5 位中本国公司占据了 3 个。在本土公司数量较少、竞争力相对较弱的非寿险市场，2001 年保费收入排名前 10 位公司中外资公司占有 6 家，在前 5 位中占有 4 家；而在 2010 年，前 10 位公司中本国公司数增至 5 家，在前 5 位中也增至 2 家。

（3）印度尼西亚。

亚洲金融危机后，印度尼西亚为与国际保险监管接轨，带动本地保险市场发展，实行了一系列充分的市场开放措施。如对服务贸易总协定（General Agreement on Trade in Services，GATS）承诺逐渐放开对外资持股保险公司的外资比例至 100%，加强了偿付能力监管，对在金融危机中受困的机构进行重组等。

20 世纪 90 年代末期，印度尼西亚寿险和非寿险市场的自由化指数已经分别高达 0.85 和 0.75，甚至高于美国的 0.64 和 0.69。然而，印度尼西亚保险业并未因自由化程度高而有很快的发展，由于对外国保险公司没有任何限制，市场几乎全部由外国保险公司垄断，其后虽然加强了对外资进入的限制，但外资所占市场份额仍然占据了相当高的比重，成为市场的主导，而本地保险企业则发展缓慢。虽然拥有东盟五国中最多数量的保险公司，但其保费规模直至 2005 年仍只排在倒数第二。印度尼西亚保险市场上存在着太多竞争力差的本土小保险公司，大多数风险已被合资公司通过再保险的方式分出。合资寿险公司在整个寿险市场的总份额达到了 48%。和外资相比，本国保险公司基础还很弱①。

---

① 张承惠：《保险市场开放进程与战略》，中国发展出版社 2009 年版。

二、逐步有限开放

1. 模式介绍

与上述快速充分开放不同,一些国家(地区)在保险市场对外开放的过程中比较谨慎,分阶段、逐步地开放,同时不断完善本国相关法律法规,使本国保险业有一个相对较大的发展空间与相对较长的发展时间,在一个循序渐进的过程中逐渐适应新的发展变化。

采取逐步有限开放模式的国家(地区)中,既有发展中国家(地区),也有发达国家(地区),这种模式下的典型国家(地区)、法规制度特点及保险市场潜力如表4-2所示。许多发展中国家(地区)的保险业和整个国民经济一样,虽然高速发展,但仍处于初级阶段,各方面竞争力与发达国家有较大差距,因此这些国家出于保护本土保险企业的考虑,在保险市场开放上采取了较多的限制,在市场准入、股权比例、公司治理监管等方面施加较严格的要求,对发达国家的承诺也较为灵活。当然,随着本土企业的实力不断增强,经济发展水平不断提高,相关的限制也不断减少。而以欧盟为代表的部分发达国家(地区)在保险市场开放上较为谨慎,为适应不断变化发展的国内外政治经济形势,这些发达国家(地区)选择采取逐步开放本国或本区域的保险市场的策略,并对外资市场准入、监管、资本流动等方面保持一定程度的限制。在本土市场较为饱和的前提下,各发达国家(地区)也积极在其他市场寻找机会,进行业务扩张。当然,"有限开放"有时只是一些国家在保险市场开放初期选择的模式,有些发达国家正在从"有限开放"逐步进入"充分开放"。

表4-2　　　　　　逐步有限开放模式下的典型国家(地区)、
法规制度特点及保险市场潜力

典型国家(地区)	法规制度特点	保险市场潜力
欧盟	不断发展变化	较小
韩国、泰国、墨西哥、菲律宾、马来西亚、印度	不完善,且不断发展变化	很大

2. 典型国家(地区)

(1)欧盟。

欧盟是此模式下的典型地区。表4-3显示了其保险市场开放的特点。

表 4 - 3   欧盟保险市场对外开放的特点

开放进度	驱动力	开放的侧重点	监管程度
伴随欧盟一体化进程	主动开放	建立内部单一保险市场，进行外部扩张	不作过多干预

　　欧盟保险市场的对外开放可以分为两部分，一是单一保险市场的建立，二是在单一市场建立起来后，开始向全球扩张。20 世纪 60 年代以后，随着欧盟一体化被逐渐提上议事日程，欧盟各国开始逐步实施金融一体化，其中就包括建立单一保险市场，以促进欧盟各国保险业的发展，实现保险资源的优化配置。

　　1957 年，《罗马条约》（The Treaty of Rome）中描述了一个统一的欧洲保险市场所必备的条件：自由设立、自由提供服务、资本自由流动，这些条件共同构成了市场准入的自由化。但是，由于各成员对本国（地区）保险市场的管制和千差万别的监管政策起到了"技术壁垒"的作用，因此，即使跨境的保险服务不受市场准入方面的限制，保险公司仍然会因为东道国在保险产品价格、条款和销售渠道等方面的管制而踌躇不前。为了实现单一保险市场的目标，还需要放松管制，因此，在 1964 ~ 1994 年的 30 年间，欧盟陆续出台了超过 300 项有关保险市场的法令[①]。这些法令具有强烈的时代背景，层层推进、逐步深入，形成了较为完整的一体化政策体系，由此确立了欧盟单一保险市场的框架。这些法令可分为三个阶段，表 4 - 4 列出了三代法令的特点、相关法律法规及立法意图。

表 4 - 4   欧盟单一保险市场建立过程中发布的指令及立法意图

	相关法律法规	立法意图
第一代法令：东道国控制下的自由设立权	再保险（1964 年，64/225/EEC*） 非寿险（1973 年，73/239/EEC） 寿险（1979 年，79/267/EEC）	欧盟成员国的保险公司在其他成员国设立子公司、分支机构或代理机构时有法可依
第二代法令：某些业务的自由服务权	大型商业保险（除车险外，1988 年，88/357/EEC） 车险（1990 年，90/232/EEC） 被动寿险（1990 年，90/619/EEC**）	欧盟成员国的保险公司可以在其他成员国承保，而无须在该国拥有经注册的营业机构
第三代法令：母国控制、单一执照、取消对价格和产品的管制	非寿险（1992 年，92/49/EEC） 寿险（1992 年，92/96/EEC）	只要在欧盟中获得一个经营许可，就可在其他国家营业，无须在每个成员国都注册认可

　　注：*欧洲经济共同体。
　　　　** 由被保险人自发购买的而不是由保险公司推销的寿险产品。
　　资料来源：根据辛强：《欧盟单一保险市场的基石：框架法令评论》，载《欧洲一体化研究》2003 年第 1 期，第 17 ~ 34 页整理。

---

　　① 辛强：《欧盟单一保险市场的基石：框架法令评论》，载《欧洲一体化研究》2003 年第 1 期，第 17 ~ 34 页。

在实施效果方面，第一代法令为市场开放提供了很大的缓冲，虽然允许保险公司可以自由设立子公司和分支机构，但是，这些机构的执照仍然由东道国发放，并且对其业务活动的监管权也由东道国监管当局行使。而另一方面，这些公司可能会受到东道国十分严格的管制，很难施展其在母国市场上拥有的竞争优势。因此，第一代法令出台后，并没有出现保险公司大量设立分支机构的浪潮。第二代法令最大的突破是引入了"母国控制原则"（Principle of Home Country Control），即保险公司在欧盟内部的某些业务活动，无论其行为发生地在何处，也无论其所承保的风险发生地在何处，均适用保险公司所在国的监管制度，并由该国监管当局负责行使。这虽然较第一代法令的"东道国控制原则"有很大的进步，法令所涉及的领域也出现了产能急剧增加、公司之间的竞争激化及产品价格下降的现象，但并不是针对所有业务，对于个人风险以及主动寿险业务，除英国和荷兰外，各成员国仍然有权决定是否对本地风险的跨境承保业务行使优先监管权。值得关注的是，各成员国普遍不愿实施完全的自由服务权的原因，并非为了保护本国保险公司的利润增长，比如，德国的保险监管当局认为，对产品条款和费率的严格管制可以提高市场的透明度，最大限度地减少保险公司之间的差异，方便客户选择不同的保险产品，并对投保人提供更为有效的保护。而英国和荷兰已经从第二代法令中观察到单一市场的发展趋势，并且在这一时期就逐步将监管重点向保险公司财务稳健性方面转移了。第三代法令则彻底抛弃了"东道国控制"的原则，它将"市场准入自由化"与成员国"放松管制"结合起来，市场竞争明显加剧，即使是总体上跨境服务比重仍然很小的个人保险业务领域，也开始出现费率折扣或降价。这样一来，产品价格就成为保险公司竞争的关键因素和重要手段，各成员国当局的监管重点开始转向偿付能力控制。

欧洲的单一市场体系对保险公司和消费者均产生了正面的影响。对于保险公司来说，保险风险的区域多样化得到提高，可以在更广泛的范围内进行资产投资，管制放松掀起了空前的并购浪潮[①]，这使得公司实现规模经济而使成本得以降低。各保险公司为抢占市场份额而各显其能，消费者可以以更低的价格获得更丰富、更个性化的服务，消费者权益得到高度保护，消费者对保险公司信心加强。

同时，欧盟对非欧盟国家实行非国民待遇，也就是说，欧盟成员国保险市场对内是"充分开放"，对外则实行"有限开放"。根据单一市场法令，欧盟市场对非欧盟保险公司开放。一旦非欧盟公司进入某一欧盟成员国，就可获得在其他

---

① 从 1990 年到 2002 年欧洲保险公司之间发生的并购数为 2595 例，引起控制权变化的高达 1669 例。其中，1996 年，法国安盛保险集团与法国巴黎联合保险集团合并，成为当时世界上最大的资产管理者。

欧盟成员国自由提供服务的权利（护照权）。如此一来，一次性获批就能在整个欧盟得到承认，适用由母国监管的原则。第三代法令颁布后，保险公司在个人业务上第一次被允许介入真正的价格竞争，由此带来产品和服务更为自由的竞争。但欧盟成员国有权对非欧盟国家保险公司的资产所有权、经营授权以及资本要求加以限制。欧盟公司在单一护照体系下，不必存放任何担保金，但欧盟国家通常要求非欧盟成员保险公司缴纳一定的保险保证金①。

欧洲保险公司在完成欧洲大陆内的业务拓展后，开始实施向美国等保险市场扩张的战略。其动因既有客观方面的因素，也有新市场的诱惑等原因。

在客观因素方面，全球化推动了各国在经济上激烈竞争的同时又趋向合作与协调。1997年，世界贸易组织达成了新的《服务贸易总协定》，其中包括"所有保险及与保险服务"协议，这推动了国际保险市场的统一与开放。面对这一趋势，欧洲一些原来在国内或欧盟内市场具有一定垄断地位的保险公司希望在开放的国际市场上也能争得一席之地，或是能维护原有的市场份额，不在竞争中淘汰，因而采取主动兼并或收购其他保险公司的策略。

在进入新市场的诱惑方面，欧洲保险业巨头已不满足于在欧盟内部占领市场，而是希望通过跨国兼并进入外国保险市场，尤其是美国市场，开拓新的保险业务项目，在全球范围内分散多样化风险。如瑞士再保险公司的全球战略目标之一就是取得在北美市场的领导地位，瑞士再保险于1999年12月以7.25亿美元的价格收购美国加利福尼亚的再保险企业承保人公司（Underwriters），此举不仅使其跻身于美国非寿险销售市场的前列，而且还增强了其在经纪领域的业务能力。2000年1月，瑞士再保险集团下属的北美专业公司收购了华盛顿国际保险公司（Washington International Insurance）和国际托收有限公司（International Collections, Inc.），瑞士再保险通过上述收购加强了其在北美保险市场上的地位②。2001年，英国保诚保险集团以265亿美元合并合众美国通用保险，组成全球性的大保险公司。合并后的公司取名保诚实业，保诚股东拥有50.5%的股权，美国通用股东则拥有49.5%的股权。新公司的总市值达308亿英镑，预计其管理下的基金将达2 290亿英镑。此次并购使保诚集团在世界上最大的人寿保险市场获得了1 200万用户和1 200亿美元资金。对于美国通用而言，并购使公司能在美国市场稳居前两位，同时借助保诚集团在亚太地区的强大实力，得以进入成长迅速的亚洲市场③。

---

① Booz & Company：《中国—欧盟保险业市场开放度比较研究》，www.euchinawto.org，2008年。
② 《瑞士保险业与入世后的中国保险市场》，http://www.sinoswiss.net，2000年。
③ http://www.mergers-china.com/top10/index-4.asp.

　　亚洲、拉美、非洲等新兴保险市场对欧盟国家的保险公司来说也颇具诱惑。自 2001 年以德国安联保险公司和英国商联保险公司为首的 9 家欧洲保险巨头获批进入中国保险市场以来，欧盟各大保险公司纷纷涌入中国市场。非洲保险公司调整其全球化经营策略，以期更适应欧洲市场①。这一进入市场的诉求，根源还在于企业内部的逐利性。

　　虽然欧盟主要的国际保险公司都在不断进行着全球化战略，但不同的公司呈现出不同的扩张策略。21 世纪初期，荷兰 ING 集团 92% 的收入来自于发达国家市场，如欧盟和北美。类似的，法国安盛集团 82% 的收入来自发达国家市场，仅仅有选择性地开拓亚洲市场，从中获取 12% 的收入。而英国保诚集团有 70% 的收入来源于国外市场，但其在运营的地理分布上呈现出更为均衡的局面，它在亚洲市场有着很强的竞争力，在其依靠子公司形式在亚洲进驻的 12 个国家中，有 8 个国家，其子公司都在该国前五名的寿险公司之列②。

　　（2）韩国。

　　韩国保险市场的开放动因可以归为外部压力和内部压力两方面，并可以此分为两个阶段。第一阶段的开放从 1986 年韩国政府同意美国保险公司进入国内寿险市场开始至 1996 年加入 OECD 前夕，这一阶段的开放主要缘于外部压力。由于美国政府一直向韩国政府施加压力，要求其开放保险市场，从 1985 年 11 月到 1986 年 5 月，韩美两国政府就韩国保险市场开放进行了一系列的磋商，并最终达成协议，韩国同意美国公司进入保险市场。由于对外开放，韩国寿险公司从 1986 年的 6 家发展到 1993 年的 33 家③。第二阶段的开放从 1996 年加入 OECD 开始，在这一阶段，内部压力是主要驱动力。1997 年韩国爆发金融危机，海外债权银行收回债权而发生流动性困难等原因导致了不少韩国保险公司破产，而之前韩国市场上从未有保险公司破产，韩国政府急需大量资金的注入来挽救银行、寿险公司等金融机构，在向国际货币基金组织（IMF）、国际复兴开发银行（IBRD）、亚洲开发银行（ADB）等国际组织申请紧急资金援助时，谈判地位的缺乏使其不得不接受国际机构开放金融部门的援助条件。OECD 以半监管者身份和 IMF 贷款人身份强烈要求韩国政府取消对金融活动的控制，从而推动了韩国政府大幅度放松进入壁垒，推动了保险市场的进一步开放。

---

①　Cummins, David J. and Bertrand Venard, 2008, Insurance Market Dynamics: Between Global Development And Local Contingencies, Risk Management and Insurance Review, 2008, Vol. 11, No. 2, 295 – 326.

②　Ma, Yu-Luen, and Nat Pope, 2008, Foreign Share, Insurance Density, And Penetration: An Analysis of International Life Insurance Market, Risk Management and Insurance Review, 2008, Vol. 11, No. 2, 327 – 347.

③　金勇德：《中韩保险市场比较研究》，硕士论文，2003 年。

韩国保险市场开放的内部动力源于保险业发展的需求。韩国为了加入 OECD 组织，跻身发达国家行列，迫切希望学习国际惯例，与世界融合，将保险市场开放作为实现这一目标的途径。20 世纪 80 年代，随着韩国经济的快速发展和保险市场容量的快速上升，国内公司融入国际保险市场以及外国公司进入本地市场的需求快速上升。在处理 1997 年的亚洲金融危机的过程中，内部因素也对韩国保险市场的全面开放起到了重要作用。为了恢复寿险市场的活力，政府采取了一系列救助手段，彻底改变了韩国保险业的监管体系，增加了保险对外开放的深度。

韩国保险市场的自由化指数不高，寿险和非寿险的自由化指数分别为 0.43 和 0.48，其开放还呈现出较明显的阶段性特点，采取了先开放寿险、其次开放非寿险、最后开放相关行业的顺序，如表 4 - 5 所示。

表 4 - 5　　　　　　　　　　　　韩国保险市场开放的进程

时间	进程
1987 年	允许人寿保险公司以本地法人、合作企业和分公司的形式进入。有联合寿险公司、国际性公司、合资寿险公司、外国寿险公司等。其中最普遍的是合作公司。GIGNA 集团的子公司 LINA 以及 AIG 集团的子公司 AIA 首先获批建立寿险公司
1993 年 1 月	允许出口货物运输保险跨境交易
1995 年 1 月①	取消法定分保，开放再保险市场。实行有限申报制度、外国保险公司只能提交韩国公司不受理部分的再保险申请；韩国保险公司向外国保险公司提交保险申请而需要再保险费率预算时，必须通过大韩再保险株式会社（KRIC）
1997 年 1 月	允许外国非人寿保险公司进入
1998 年 4 月	准许外国公司投资公估业和非寿险审核业
1998 年 5 月	废除外资在合资寿险公司中的股权比例上限49%，允许外资按照自己的意愿进行参股
2003 年底	仿照欧盟偿付能力的体系开始全面实施

资料来源：根据张承惠等：《保险市场开放进程与战略》，中国发展出版社 2009 年版整理。

韩国保险市场开放初期主要侧重于放松外资机构市场准入的管制，即对本地私营资本和外国资本的开放，而对市场和经营行为的严格监督和控制并未随之改变，监管体系的转型相对较为滞后。由于保险市场开放步伐偏快，外资保险公司的市场份额在较短时期内就呈现明显的上升态势。亚洲金融危机后，韩国外资保险公司的市场份额由 1999 年的 5% 迅速上升到 2003 年的 13.5%。在强烈的外部压力下，本土保险公司受到较强的外国公司的挑战。市场竞争带动了市场效率提

---

① http：//www.sino-life.com/news/2005/05_04/0504_14_18.htm.

高，外资保险公司不仅带动韩国寿险公司将其主打产品从储蓄型逐渐向保障型转化，还建立了男性为主的销售代理人队伍①以及引入电子营销等手段。在这些新型和积极的营销手段影响下，越来越多的韩国投保人开始选择低成本的销售渠道购买寿险产品，如互联网、银保渠道、购物频道、电话销售等。

韩国在开放原保险市场的过程中，还十分重视再保险市场开放政策的制订。例如在再保险方面，实行韩国再保险业优先申报制度，外国保险公司只能提交韩国公司不受理部分之再保险申请。此外，政府还规定韩国保险公司向外国保险公司提交保险申请而需要再保险费率预算时，必须通过大韩再保险株式会社（KRIC）。再保险交易管制制度扶持了韩国再保险业，较长时间的法律保护和政策支持有助于缺乏再保险交易经验和能力的韩国再保险公司开展再保险业务，加之自身的努力，韩国国内再保险公司仍占有国内再保险业务30%的份额。

（3）印度。

20世纪下半叶，印度的经济增长率一直低于亚洲其他新兴国家，90年代初又发生了国际收支危机，于是拉奥政府推行了一系列经济金融改革，关于保险业的市场化讨论也被提上了议事日程。1999年，印度政府终于允许保险市场对外开放。

印度保险业长期处于国有控制下②。对保险业的改革和开放，印度政府主要采取了以下几条措施：第一，允许私人部门和外国企业进入印度保险市场，但外国股权比例不能超过26%；第二，要求印度保险公司必须在农村开展一定业务，推动小额保险的发展；第三，允许外国经纪公司进入印度市场；第四，原印度产物保险公司改组为印度再保险公司，享有法定分保的权利；第五，逐步放开费率，加强偿付能力监管和消费者保护。

在外资市场准入条件和产品费率上，印度的开放都显得非常谨慎，但这一新兴市场也吸引到了不少外资，并带动本地企业大力发展。从早先的垄断市场格局起步，通过改革开放，印度新建了14家非国有寿险公司和9家非国有综合性保险公司，其中外资寿险公司7家，产险公司12家。通过竞争，印度的国有大型保险公司——印度人寿保险公司（LIC）、印度国家财产保险公司（GIC）等实现了转轨，成为现代化、专业化、具有较强盈利能力的经济组织；印度保险监管及发展局（IRDA）在严格监管保险业的同时也建立了审慎的监管标准。另外，对于农村市场的关注使得小额保险业务发展兴旺，私营、外资保险公司的进入促进了农村市场的发展。

---

① 以前，韩国保费主要是由女性占多数的营销队伍实现的。
② 1956年人寿保险收归国有，1972年非寿险收归国有。

（4）拉美国家。

拉美国家保险市场对外开放的外部压力主要源于发达国家保险公司看好新兴市场的发展潜力，认为拉美国家有较大的市场发展空间，有利于其风险分散，以及满足了其全球经营、服务境外客户的偏好。

当然，拉美国家开放保险市场的动因也有其内部因素，它们试图借外资保险公司的进驻获取更多的资本和先进的技术，此外，局部的社会保障私有化方案的实施以及总体国民经济的发展都需要国外保险公司的支持。

拉美国家在 20 世纪 90 年代不断放松管制，保险市场的自由化为境外保险公司的投资打开了大门，如在拉美前七大保险市场——阿根廷、巴西、智利、哥伦比亚、墨西哥、秘鲁和委内瑞拉，对于外国保险公司持股和设立子公司没有任何的限制。美国国际集团（AIG）、安联保险集团（Allianz）、忠利保险集团（Generali）、荷兰国际集团（ING）、皇家太阳联合保险公司（Royal and Sun Alliance）、苏黎世金融服务集团（Zurich）等全球大型保险集团争相进驻拉美，以掠夺性的方式，通过一系列的兼并、收购和对本土保险公司的接管，争夺较高的市场占有率。

拉美国家最初的自由化指数只有 0.35 和 0.31，分别对应寿险和非寿险。20 世纪 90 年代初到 90 年代末，拉美外资全资和合资保险公司的市场占有率翻了 3 倍，上升到 47%，其中在阿根廷和智利，这一比例高达 70% 以上[1]，委内瑞拉和哥伦比亚达到 30%，巴西为 45%，墨西哥为 35%[2]。然而，拉美国家希望达到的保险市场效率的提升似乎并没有实现，其保险市场仍然缺乏竞争性，产品价格也没有下降，信息不完全问题严重，保险总额停滞不前。

三、国际经验与教训

不同开放模式下的保险业取得了不同的开放效果。有的比较成功，在本国保险企业和外资公司之间达到了"双赢"；有的则未能给该国的保险市场带来起色，反而引发了市场低迷、资金外逃等问题。究其原因，保险市场对外开放的驱动力是很重要的一个因素，如果驱动力基于一国保险市场及经济发展水平的现

---

① Baur, Don, Wendell McCullock, and Harold Skipper, Jr., 1999, *The Global Environment of Insurance* (New York, The McGraw-Hill Companies, Inc.).

② Maria Amaro Cruz-Saco, 2003, Global Insurance Companies and the Privatization of Pensions and Health Care in Latin America. The case of Peru., Presented at the GASPP Seminar No. 5 organized in collaboration with the ILO-SES Programme and WHO, at the University Centre (IUC) 26 – 28 Sep 2002 in Dubrovnik, Croatia.

状，并符合可持续发展的理念，则开放效果一般较好，否则就可能对本土保险公司造成较大的负面影响。

国际上保险市场对外开放的经验教训可以归结为如下方面：

➡ **1. 保险业开放应该基于本国国情，循序渐进**

一国国情是该国保险业开放应该考虑的最基本的因素，开放政策的选择应立足于本国经济的发展程度和发展潜力，特别要立足于解决或缓解本国保险市场发展中最突出的迫切问题。具体地，由世界各国在对外开放中所达成的共性经验和原则看，科学合理地选择保险市场的对外开放政策，应从如下方面深入考察本国国情：

（1）立足于本国保险供给和需求平衡情况。国内保险供给充分，甚至保险产品供大于求，则对引进外资的需求就小；反之，若本国保险供给不足，供给小于需求时，就应扩大对外开放。这是确定引进外资资本量的基本依据。

（2）考虑国内保险市场对外开放的承受和吸收能力。这包括：本国保险业对外来保险业冲击的承受能力；本国国民对保险产品的消费水平；本国科技力量对所引进保险专业技术的吸收、消化、接纳和创新能力；国民文化水平、价值观念等。这为选择所引进外资企业的技术和产品提供了参考标准。

（3）充分考虑本国保险市场的结构均衡和完善情况。这是选择引进外资企业类型，如选择财产险资本还是人身险资本、是选择原保险资本还是再保险资本所应考虑的。

一般而言，假定其他条件不变，经济发达程度越高或者发展潜力越大，保险的有效需求就越大，对保险供给的要求就越高，可以选择开放力度较大的模式。虽然逐步有限开放模式的国家中也有发达国家，而发展中国家也有选择快速充分开放的情况，但总体而言，一国的经济水平与其保险业的自由化程度还是大致呈正相关关系。只有了解了本国经济及保险业实际情况，才能有针对性地选择开放的方式。从开放进度而言，循序渐进式的开放往往比直接充分开放更加安全。

对发达国家而言，保险业开放要根据本国（或本地区）实际的经济发展目标来制定策略，步步为营。若出于利润动机，想要引导本国保险企业走出国门，扩张市场，就要清楚本国企业的实际经营状况、拓展能力，仔细考察目标市场的发展潜力和风险。如果盲目向海外扩张而忽视了一些重要的风险点（如政治风险、汇率风险），不仅无法在海外获得预期的收益，甚至可能影响保险公司在本国的业务。上文所举的欧盟一例就很好地避免了上述问题，欧盟在进行内部拓展时循序渐进，分三步完成，配合整个欧元区金融一体化的大趋势，充分考虑了自身的实际情况，最终让欧盟整体的保险资源得到了有效的配置。

对发展中国家而言，保险业开放更需要了解本国国情，有层次地开放。发展中国家的保险业往往刚刚起步，竞争力无法与发达国家的保险公司相抗衡，国内的保险消费可能还存在不理性的情况。在这种情况下，对于市场准入、资本金、经营范围给予一定的限制有助于本国企业更好地成长，同时也利用外资的经验和技术促进了本国保险市场的发展。韩国、印度的开放就较为谨慎，在保护了本国保险企业的同时也带动了整个市场进步。相反，如果忽视本国经济发展水平以及保险市场发育程度而盲目向外资开放，可能无法培育一个本土化的保险市场。印度尼西亚因为开放过快导致了保险市场萎靡、资金外流的问题，其保险业发展原本就十分落后，直接大规模引入外资使得本土企业处于极为不利的地位，最后难以培养出好的本土企业，整个保险市场也发展缓慢。

2. 监管及配套措施应紧跟保险市场开放步伐

保险产品的复杂性和保险业的公众性，决定了被保险人的权利需要得到法律和监管制度的保护，同时，又因为保险体系的稳定关系到社会和经济的稳定，因此，除了基于国情一步步放开本国保险市场外，本国的监管、法律、行政等部门也应该及时跟进，配合保险业开放。具体来说，保险业对外开放并不只是市场上出现了新的外资公司这样的变化，作为监督者的监管机构也应该注意市场动向，纠正开放中的错误，让开放平稳有效地进行。如日本在保险市场一体化后不久出现了数家保险公司破产的困境，日本金融监管部门及时更新监管举措，设立寿险业保单持有人保护机构，对濒临破产的保险公司实施救助，并由此将监管重心转向偿付能力监管，使得整个保险业的开放得以继续进行。除了监管行为外，保险业相关法律法规、行政安排上也应积极配合，给保险业开放提供更明确的指引，使这一过程的交易成本得以更小。

3. 坚持本国的立场和规划，提升面对发达国家压力时的谈判能力

从上述保险市场对外开放的驱动力来看，一些国家（地区）其驱动力源自外部压力。这些压力主要为发达国家要求开放市场的日常压力以及应对经济或金融危机重创后所遭遇的特殊压力，在此压力下，这些国家（地区）被动地或快速充分开放本国保险市场，或逐步有限开放本国保险市场。如韩国受金融危机影响，为了获得 IMF 等国际组织的紧急资金援助，不得不接受取消政府对金融活动控制的建议或要求。日本在与美国进行的日美保险对话中，在美国的压力下，被迫放弃出于维护本国保险业的讨价还价，大幅向美国开放市场。东盟五国保险市场由于在 1997 年金融危机中受到重创，为了获得外部援助，也不得不在外部

压力下由封闭走向开放。俄罗斯和巴西保险市场的对外开放都受制于其申请加入WTO 的因素。这些国家受到外部压力的影响程度不同，有的程度强烈，有的程度微弱。其中，日本等国家的保险市场开放受到了外部压力的强烈驱动，这些国家保险市场开放的步伐容易偏快或偏向外国投资者，外国企业往往能迅速占领市场，获得较大的市场操控力。而印度等保险市场开放进程中就较少受到外部压力驱动，这类国家往往更加重视对本国保险市场的保护。

可以看到，受到外部压力被迫开放在一定程度上推动了各发展中国家保险市场的国际化，提升了其利用保险资源的能力和国际竞争力，对于发达国家来说，这种被迫开放在一定程度上也促进了本国保险市场的发展。不管是主动开放还是被动开放，开放的大目标不会变。但是，对于保险市场的开放应高瞻远瞩、统筹规划，应谋求自己主动积极的地位，掌握主动权和掌控权。尽量避免在发生金融危机之类的反常事件之后迫于外部压力开放市场，使自己处于妥协被动的地位，甚至被迫接受不平等条约。

➡ 4. 重视再保险市场在保险市场对外开放中的重要作用

在保险市场对外开放的进程中，人们往往习惯把注意力集中在原保险市场，而忽视了再保险市场的对外开放。再保险是一种非常特殊的业务，对保险市场的开放具有非常重要的影响。因为再保险涉及到更多的在国与国之间流动的资金，如果再保险开放政策把握不当，不仅可能影响本国保险业务，还可能造成国内资金大量流失到国外。随着保险市场的开放和外国公司进入本地市场，出现了许多新的风险，其中再保险风险可能导致资金的大量流出，影响一国的国际收支。

印度尼西亚就为其不重视再保险而付出了惨重代价。印度尼西亚没有对其再保险市场予以适度保护，导致其过度开放，而国内保险业效率低下，保险公司实力薄弱，原保险公司的保费自留比例很低，致使超过 70% 的风险都由外资保险公司进行了再保险。此时，印度尼西亚的保险公司沦为了佣金收入者，其长期投资的能力也受到限制。而与之相反，韩国则因为重视再保险市场开放政策制订，扶持了国内再保险业的发展，有助于缺乏再保险交易经验和能力的韩国再保险公司开展再保险业务。

国际经验表明，如果不重视再保险市场的开放规划而过度开放，原保险市场将受到巨大的负面冲击，整个保险市场的发展将受到阻碍。由此可见，在一国开放原保险市场的进程中，也必须重视对再保险市场的审慎规划，进行必要的风险评估，以避免开放过度造成资金大量流出，影响金融市场的稳定。

结 语

本章梳理了世界各国保险业对外开放的实际经验，按照开放速度和程度的不同将不同国家（地区）开放分成两种模式：快速充分开放和逐步有限开放，并对每种模式选取典型国家，从开放动因、开放进程和开放效果三个方面进行述评。经过对不同模式下保险开放实践的分析，我们总结得出一国保险业对外开放时的经验和教训：第一，保险市场开放应该基于本国国情，循序渐进；第二，监管及配套措施应紧跟保险业开放步伐；第三，出于利润动机积极寻求开放契机；第四，坚持本国的立场和规划，提升自己在面对发达国家压力时的谈判能力；第五，重视再保险市场对保险业对外开放的重要作用。

本章参考文献

1. 沈喜忠、杜奎峰、刘辉：《智利保险市场简介》，载《保险研究》2003 年第 9 期。

2. 魏华林、李开斌：《保险发达国家和新兴市场保险业发展的产业政策特点》，载《武汉大学学报》2002 年第 4 期。

3. 肖文：《欧洲保险市场的新扩张及其发展趋势》，载《浙江金融》2000 年第 4 期。

4. 辛强：《欧盟单一保险市场的基石：框架法令评论》，载《欧洲一体化研究》2003 年第 1 期。

5. 张承惠等：《保险市场开放进程与战略》，中国发展研究基金会，2009 年。

6. 中国—欧盟保险业市场开放度比较研究，Booz & Company Report，www. euchinawto. org，2008。

7. Baur, Don, Wendell McCullock and Harold Skipper, 1999. The Global Environment of Insurance. (New York, The McGraw-Hill Companies, Inc.)

8. Cummins, David J. and Bertrand Venard, 2008, Insurance Market Dynamics: Between Global Development And Local Contingencies, Risk Management and Insurance Review, 2008, Vol. 11, No. 2, 295－326.

9. Jenning, J., 1998, Commerce Dept. Study: Go Global, National Underwriter, 102 (2): 19.

10. Ma, Yu-Luen and Nat Pope, 2008, Foreign Share, Insurance Density, And Penetration: An Analysis of International Life Insurance Market, Risk Management and Insurance Review, 2008, Vol. 11, No. 2, 327－347.

11. Mattoo, Aaditya, 1998, Financial Services and the WTO: Liberalization Commitments of the developing and Transition Economies, World Bank.

12. Mattoo, Aaditya, 2001, Financial Services and the WTO: Liberalization Commitments of the developing and Transition Economies, World Bank.

第五章

未来保险市场对外开放的重大议题与政策选择：2011~2020

引　言

中国的保险业在改革中发展，在开放中进步。中国加入世界贸易组织之后的十年是中国保险业发展最快的十年，外资保险公司在这十年中也逐渐融入了中国这个世界上最大的新兴市场之中，与中国经济一同成长。未来十年，中国保险市场将以怎样的姿态面对经济全球化的浪潮，又将以什么样的胸怀吐故纳新走向世界？为了持续健康地发展，未来十年，中国保险的进一步开放还需突破哪些障碍？对这些问题的讨论是我国保险市场进一步开放的基础，也是政策制定的重要参照。

一、未来十年中国保险业对外开放的背景与形势判断

■■■（一）世界经济与政治格局

中国加入世界贸易组织的十年是世界政治经济格局发生剧烈变化的十年。日本、美国和一些欧洲国家先后陷入金融危机，而中国、印度等新兴国家的经济增长则令世界瞩目。国际货币基金组织的数据显示，2010年全球产出增长5.0%，其中新兴市场及发展中国家增长7.1%，发达国家增长3.0%。

金融危机扩展至欧洲，本欲与美元体系抗衡的欧元体系也遭受重

创，2010 年欧元区失业率高达 10%，欧洲主权债务危机从希腊、爱尔兰、葡萄牙等经济总量较小的国家蔓延到西班牙、意大利、法国等较大的经济体，受影响国家的 GDP 占欧元区 GDP 的 37% 左右。欧洲主权债务风险和金融体系脆弱性的相互溢出效应凸显，国际清算银行 2011 年 1 月发布的数据显示，希腊、爱尔兰、葡萄牙和西班牙四国债务敞口 2.28 亿美元，其中欧洲银行系统持有 1.77 万亿美元，高达 77.5%。欧洲资金外逃，货币市场流动性短缺，利息率上升，欧元贬值。欧盟、欧洲央行和 IMF 紧急出台了 7 500 亿欧元的救援措施，方略略稳住欧洲经济的阵脚。

金融危机的爆发与深化暴露了国际金融体系的脆弱性。美国以量化宽松货币政策向全世界派发着巨量的流动性，新兴经济体通胀压力剧增，资产泡沫风险增大。国际金融协会的数据显示，2010 年流入新兴市场的私人资本增加了 40% 以上，从 2009 年的 5 810 亿美元增至 2010 年的 8 250 亿美元，2011 年第一季度，印度、越南、俄罗斯、巴西、阿根廷等国家的 CPI 的增幅都维持在 6% 以上。在危机深处，对冲基金趁火打劫，在大宗商品交易市场上兴风作浪，在粮食、石油、黄金、白银价格的剧烈动荡起伏中，伺机将新兴经济体推向经济危机的深渊。

进入 2011 年，国际金融危机导致的世界经济动荡逐步缓解，但危机本身并没有结束，世界经济在旧格局分化重组中寻找新的秩序。按照 2010 年 9 月二十国集团（G20）伦敦峰会和匹兹堡峰会达成的基本共识，世界各国都在改革本国金融制度的基础上在国际金融体系中寻找着自己的位置。

美国于 2010 年 7 月颁布了《多德—弗兰克华尔街改革和消费者金融保护法案》(The Dodd-Frank Wall Street Reform and Consumer Protection Act)，为应对系统风险，成立了金融稳定监管委员会 (Financial Stability Oversight Council, FSOC)，以强化对美联储的授权与制衡机制；成立了消费者金融保护局 (Consumer Financial Protection Bureau, CFPB)，以保护保险消费者利益；成立了联邦保险办公室 (Office of National Insurance, ONI)，以强化对保险业的监管。同时，在微观层面，则引入"沃克尔规则"(Volcker Rule)，限制银行的自营交易，防止"大而不倒"机构的过度扩张，提高公司治理框架中薪酬的透明度，在金融业建立破产处置和自救机制，要求系统重要性金融机构定期提交"生前遗嘱"(Living Wills)，健全金融市场监管体系，限制金融衍生品投机交易，强化对评级机构和"影子银行"的监管。美国金融监管制度的改革，为美国从金融危机中恢复过来提供了良好的制度基础。

与此同时，欧洲的金融制度改革也在大刀阔斧地进行着。2010 年 9 月，欧洲议会通过了欧盟金融改革法案，决定建立泛欧金融监管新体系，成立欧洲系统性风险委员会 (European Systemic Risk Board, ESRB)，并分别成立监管银行业、保险业和金融交易活动的金融监管机构，规范对冲基金和私募基金的投资行为，将所有标准化场外衍生品交易所及电子交易平台纳入中央清算所的清算体系，全面禁止信用违约掉期（Credit Default Swap，CDS）类产品的"裸卖空（Naked Short Selling）"行为①。

发达国家金融危机的巨大破坏力和监管制度的变革使人们更加清楚地认识到金融体系的脆弱性。在经济全球化的浪潮中②，没有哪一个经济体可以在大规模的金融风暴中独善其身，而作为世界最大经济体之一且为新兴国家代表的中国经济已经接近于世界经济版图的核心地带，所面临的风险无疑是巨大的。未来十年，中国金融保险部门的改革开放就是在这样一个极为复杂的背景下展开的。

政治与经济紧密相依，随着科技的进步，在经济意义上，地球正在逐渐变成一个村落，经济全球化的趋势不可逆转。目前全世界有5万多个大型跨国公司在进行全球性的生产和经营，由于这些规模巨大的公司在不同行业起着领导作用，在全球扩张其经济领域的过程中，影响将越来越大，而它们的发展使各个国家之间在经济上甚至在政治上更加紧密地联系在一起。跨国公司实际上正在成为经济全球化的主要执行者和操作者，跨国公司与东道国的博弈关系正在成为影响世界政治经济格局的重要因素。当然，跨国公司的力量还没有强大到主导一切的地步，正如发达经济体中的保险集团要借用政治力量获得进入新兴市场的牌照一样，跨国公司的扩张仍将以国家层面的国际关系为依托。

而在国家层面，在未来的十年内，得益于良好的法治环境、完善的市场制度和领先的科学技术，美国经济经历一个较漫长的调整期后，将再次回归到快速发展的轨道；欧洲经济仍将在整合、震荡和改革中缓慢发展；而经济优势曾雄霸亚洲的日本将在地震和海啸的灾难中慢慢恢复过来，伺机寻求新的突破。中国和印度等新兴经济体仍将保持较快的增长速度，继续担当着全球经济引擎的角色。

未来的十年是中国崛起进程中关键的十年，"中国威胁论"也罢，"中国崩溃论"也罢，都不可能阻挡中国融入世界经济的脚步。一个崛起的大国需要稳

---

① "裸卖空"，是指投资者没有借入股票而直接在市场上卖出根本不存在的股票，在股价进一步下跌时再买回股票获得利润的投资手法。进行"裸卖空"的交易者只要在交割日期前买入股票，交易即获成功。由于"裸卖空"卖出的是不存在的股票，量可能非常大，因此会对股价造成剧烈冲击。有分析人士认为，雷曼兄弟公司就是"裸卖空"行为的受害者之一。

② 经济全球化指世界各国、各地区通过密切的经济交往和经济协调，在经济上相互联系和依存、相互渗透和扩张、相互竞争和制约已发展到了很高的程度，形成了世界经济从资源配置、生产到流通和消费的多层次和多形式的交织和融合，使全球经济形成一个不可分割的有机整体。这种经济发展态势、发展进程、发展趋势称之为"经济全球化"。

定和谐的内外部环境，需要随着世界政治经济形势变化而与时俱进的对外开放的政策，也需要一个充满竞争活力的金融保险市场，更需要一系列科学理性、立足长远的对外开放战略。

■■■ （二） 中国的改革开放

未来十年，中国的改革将进入至关成败的深水区，而中国的对外开放也将面临着更为复杂的国际环境，面临着更多的考验，已经打开的开放之门绝不会因此而关闭；相反，会有更大范围、更全面的开放。但中国对外开放的层次将提高，开放的策略也将发生变化。政府在吸引外资方面将更加理性，以税惠政策吸引外资的格局将逐步扭转。而实际上，这种转变已经开始。以入世十年为转折点，中国改革开放政策随着国际形势正在发生着显著的变化。

2010 年末，国务院发布了《国务院关于进一步做好利用外资工作的若干意见》，中国将于 2010 年 12 月开始对在华外商投资企业、外国企业及外籍个人征收城市维护建设税和教育费附加。这意味着中国境内所有内外资企业统一了全部税制，外资享受"超国民待遇"的时代正式终结，一视同仁的市场环境将让内外资企业在同一平台上展开公平竞争。

改革开放初期，中国面临外汇和技术的双重缺口。中国没有选择其他发展中国家借外债的发展路径，而是在当时市场经济体制不完善、外资企业投资风险大、难度大、附加的制度性成本较高的背景下，采取以税收减免为代表的"超国民待遇"政策，吸引了境外投资者，实现对外开放中"市场换技术"的方略。无疑，这一策略大大地促进了中国的对外开放，使中国的对外开放在短短的几十年时间就达到了较高的水平。

商务部的数据显示，截至 2010 年末，中国外商投资企业约 70 万家，并以每年 2 万多家的速度增长，实际使用外资超过 1 万亿美元，中国吸纳外商投资连续 17 年位居发展中国家之首。2010 年 1~12 月，全国新批设立外商投资企业 27 406 家，同比增长 16.94%；实际使用外资金额 1 057.35 亿美元，同比增长 17.44%[①]。

随着改革开放的深入推进，特别是加入世贸组织以来 10 年间的洗礼，中

---

① 商务部的数据显示：2010 年 1~12 月，对中国大陆投资前十位国家和地区（以实际投入外资金额计）依次为：中国香港（674.74 亿美元）、中国台湾（67.01 亿美元）、新加坡（56.57 亿美元）、日本（42.42 亿美元）、美国（40.52 亿美元）、韩国（26.93 亿美元）、英国（16.42 亿美元）、法国（12.39 亿美元）、荷兰（9.52 亿美元）和德国（9.33 亿美元），前十位国家和地区实际投入外资金额占全国实际使用外资金额的 90.1%。

国市场经济体制在逐步完善，外资企业所负担的制度性成本明显降低，很多外企的经营成本比中资企业低很多，在市场竞争中占尽优势，严重抑制了中资企业的健康发展。同时，一些外资企业与国外投行利用这种优势相互配合，通过收购兼并等资本运作手段将中资企业和品牌挤出市场，达到控制和垄断某些行业的目的。

此时，取消外资企业所享有的"超国民待遇"成为正确的选择，这也是世贸组织框架下对外开放的必然结果。

实践证明，在税收上"超国民待遇"的取消并不会影响外商投资的积极性。数据显示，2011年1~4月，全国新批设立外商投资企业8 152家，同比增长8.61%；实际使用外资金额388.03亿美元，同比增长26.03%。过去30年，在华外资获取了巨额利润，中国经济30年的快速增长使众多的跨国企业渡过了各种危机，特别是在全球性的金融风暴中，中国市场几乎是一些跨国企业唯一的利润增长点，全世界都在从中国的对外开放中受益，这才是中国市场真正的吸引力。

中国的对外开放和中国的经济转型紧密相连，中国经济的转型为未来十年中国的改革开放定下基调。

国际金融危机的爆发，使中国经济发展模式的弊端充分暴露出来。国际金融危机对中国经济的冲击表面上看是对经济增长速度的冲击，实质上则是对经济发展模式的冲击。中国失衡的投资、分配和消费结构，过于依赖出口和投资的经济发展模式已经对社会经济的健康持续发展构成了严重的伤害。

未来十年将是中国经济发展模式快速转变的时期，依靠投资和出口的经济发展模式将向依靠调整分配和促进内需的新型经济发展模式转变，从过于依赖增加物质资源消耗转向主要依靠科技进步、依靠劳动者素质提高和企业管理创新，实现环境友好型经济的长期平稳较快发展。体现在中国的对外开放政策上，将逐步扭转加工贸易企业在外资企业中所占比重过大、招商引资重数量轻质量、政府和居民之间以及社会不同行业和阶层之间收入分配差距过大、科技创新能力不强、产业结构不合理等诸多问题，彻底改变"顺差在中国、压力在中国、污染在中国、利润在欧美"的利益分配格局。

《国民经济和社会发展第十二个五年规划纲要》对"十二五"期间的对外开放的要求是：优化对外贸易结构。继续稳定和拓展外需，加快转变外贸发展方式，推动外贸发展从规模扩张向质量效益提高转变、从成本优势向综合竞争优势转变。保持现有出口竞争优势，加快培育以技术、品牌、质量、服务为核心竞争力的新优势。

"十二五"期间，中国将大力发展服务贸易，促进服务出口，扩大服务业对外开放，提高服务贸易在对外贸易中的比重；在稳定和拓展旅游、运输、劳务等传统服务出口的同时，努力扩大文化、中医药、软件和信息服务、商贸流通、金融保险等新兴服务出口；大力发展服务外包，建设若干服务外包基地。扩大金融、物流等服务业对外开放，稳步开放教育、医疗、体育等领域，引进优质资源，提高服务业国际化水平；提高利用外资水平，优化结构，引导外资更多投向现代农业、高新技术、先进制造、节能环保、新能源、现代服务业等领域，鼓励投向中西部地区；中国还将加快实施"走出去"战略，积极参与全球经济治理和区域合作。

《国务院关于进一步做好利用外资工作的若干意见》也明确提出：中国将根据经济发展需要，修订《外商投资产业指导目录》，扩大开放领域，鼓励外资投向高端制造业、高新技术产业、现代服务业、新能源和节能环保产业，严格限制低水平、过剩产能扩张类项目。

政策的转型是以中国社会经济结构的转型为依托的，未来十年，中国市场的巨大需求对外资仍然具有巨大的吸引力。

首先是中国二元经济结构的变化。据《2010 年第六次全国人口普查主要数据公报》的数据显示：中国大陆 31 个省、自治区、直辖市和现役军人的人口中，居住在城镇的人口为 665 575 306 人，占 49.68%；居住在乡村的人口为 674 149 546 人，占 50.32%。同 2000 年第五次全国人口普查相比，城镇人口增加 207 137 093 人，乡村人口减少 133 237 289 人，城镇人口比重上升 13.46 个百分点。

可见，十年来，中国的城乡二元经济结构发生了巨大的变化，而这一趋势在未来的十年中还会进一步发展。城镇人口的增加，提升了商品和金融保险等服务消费的数量和层次。

与此同时，全面建设小康社会是中国改革的一个既定目标，而未来十年是中国 2020 年全面建设小康社会的收官时期。党的十七大报告要求：要增强发展协调性，努力实现经济又好又快发展。转变发展方式取得重大进展，在优化结构、提高效益、降低消耗、保护环境的基础上，实现人均国内生产总值到 2020 年比 2000 年翻两番。社会主义市场经济体制更加完善。自主创新能力显著提高，科技进步对经济增长的贡献率大幅上升，进入创新型国家行列。居民消费率稳步提高，形成消费、投资、出口协调拉动的增长格局。城乡、区域协调互动发展机制和主体功能区布局基本形成。社会主义新农村建设取得重大进展。城镇人口比重明显增加①。

---

① 胡锦涛：《中国共产党第十七次全国代表大会报告》，载《人民日报》2007 年 10 月 25 日。

总之，中国以经济转型为改革背景的对外开放，将营造一个更加优化公平的市场环境，这将对外资企业的投资结构和技术水平提出更高的要求，也更加有利于金融保险等服务贸易领域的对外开放。

保险业作为金融业的重要组成部分、社会保障制度的有效补充、国际服务贸易的一个关键领域、国际经济合作的润滑剂以及经济全球化的助推剂，其改革和开放须服从于世界政治经济的发展格局，并立足于国际经济态势及具体国情服务于本国的改革开放。

■■■（三）国内外保险业的发展

经过几百年的发展，以英美国家为代表的西方保险业已经基本发展成熟。在产业周期理论中，产业成熟意味着产业的稳定、制度的完善和社会的认同；但产业的成熟同时也意味着消费的饱和、潜力的枯竭、增长的缓慢、创新的艰难，甚至是重重的危机。

自20世纪70年代末开始，全球已经有600多家直接非寿险公司和再保险公司倒闭，而90年代之后则呈现明显的上升趋势。美国和英国每年破产的保险公司分别占到本国保险公司总数的1%和0.5%，加起来占全球破产保险公司的70%以上[1]。随着世界经济全球化和一体化所导致的市场竞争的加剧、自然灾害和恐怖袭击所造成的风险飙升[2]，以及放松保险监管的政策建议得到更多国家的采纳，保险业所蕴涵的危机逐渐凸显出来。无论是2000年左右日本七家巨型保

---

[1] Harold D. Skipper, Jr., *International Risk and Insurance: an Environment-Managerial Approach*, McGraw-Hill, Inc., 1998.

[2] 比如2011年日本8级地震及其引发海啸所造成的经济损失估计高达10万亿日元，约合1 224亿美元，并导致日本2011年的国内生产总值（GDP）增幅减少3个百分点。2004年发生在东南亚国家的印度洋大海啸则造成了140亿美元的损失，其中泰国再保险公司净损失1亿泰铢，约合260万美元。2001年9月11日发生在美国纽约的恐怖袭击造成的损失约为1 050亿美元，仅世界航空保险业务就支付了50亿美元的巨额赔款，该数字相当于2000年度航空保费收入总额的4倍，且这一特别负担是在世界航空市场出现一系列亏损的情况下发生的，使境况已经非常糟糕的航空业务雪上加霜，导致航空保险的费率上涨了4倍。"9·11"事件中，保险赔偿近700亿美元，对很多原保险公司和国际再保险公司的财务造成了巨大的冲击。"9·11"事件也使国际金融市场受到了很大的影响，为了保证及时兑现赔付，不少保险公司不得不将原持有的大量不动产、股票、债券和各种基金加以变卖套现，进而引发了股市的下跌和低迷。股市下跌导致的撤资，又使许多保险公司的资产大幅缩水，不得不调整发展战略。比如，因再保险分入业务而遭受较大损失的德国格宁保险公司（Gerling）因此放弃了花费巨大成本才得到的在中国市场展业的执照。美国纽约世贸中心遭受恐怖袭击对于世界保险业来说，无论在财产损失方面，还是在心理承受方面，无疑都是一次大的创伤。甚至有人质疑：如果恐怖袭击的损失不仅仅是一座楼宇、几架飞机，而是一个现代化城市的毁灭，世界保险业是否也会因之崩溃。

险公司的接连倒闭①，还是在 2008 年次贷危机中遭受重创的 AIG，都展露了世界保险业所蕴涵的危机。

保险业的危机并非日本和美国所独有。保险业承保利润萎缩、投资收益下降的状况几乎成为全球保险业的普遍问题。发达国家的保险业盈利情况非常不乐观。以老牌的市场经济国家英国为例，在英国保险市场上，责任保险从 1995 年就开始没有盈利，亏损额维持在每年 1 亿英镑左右。在个人汽车保险市场上，也已经延续十多年没有盈利②。在资本市场低迷动荡的时期，保险公司依赖投资的盈利模式遇到严峻挑战。

自 1978 年以来，美国保险业总体的承保利润几乎都是负值，保险公司的利润完全寄希望于保险基金投资收益率，寄希望于资本市场的长期繁荣。但资本市场的长期繁荣、投资总能赚取较高的回报是不可能的。当资本市场出现问题时，保险业就将在提高费率和亏损之间进行两难选择。

在通过国际资本运作改变现状的战略思路的推动之下，国际保险业从 20 世纪 90 年代始就掀起了兼并重组的浪潮，以期改变公司发展中的颓势。大规模的兼并重组在保险业内部、保险业和其他金融业之间以及不同的国度之间展开，但效果却并不尽如人意，很多保险业的并购案例不幸应验了所谓巴菲特箴言③。例如，安联集团于 2001 年 4 月收购了德累斯顿银行，收购后的安联集团成为总资产达 1 万亿欧元的全球第四大金融集团。但收购不但没有带来经济利益，反而从

---

① 目前日本是全球第三大保险市场。战后 50 多年来，日本保险业的发展空前繁荣。日本的保险公司大多是世界上规模最大的保险公司，1999 年有 13 家日本保险公司跻身 500 强。在 1992 年保险公司的世界排名中，前 10 名中有一半是日本的保险公司，无疑，在世界保险市场上占有举足轻重的地位。即使在 1998 年的金融危机中，日本保险业保费收入仍高达 4 531 亿美元。但是，正是这样一个拥有巨型保险公司的庞大保险市场，自 20 世纪 90 年代日本泡沫经济破灭后，却不断爆发危机，保费负增长、退保率连续攀升、不良资产比率持续恶化，信誉逐渐降低，日益不堪重负。1997 年 4 月，有近 90 年历史的日产生命保险公司倒闭；1999 年，东邦生命保险公司破产；2000 年，第百生命保险公司、大正生命保险公司和千代田生命保险公司相继倒闭。这在战后的发达国家，在公司寿命名列"长寿公司"榜首的保险业堪称"奇观"。

② UK commercial General Insurance 2006-market Context, An analysis of the Commercial General Insurance Market in the UK, January 2007, Datamonitor.

③ 投资家巴菲特对企业并购有过一个充满讽刺性的著名警示，人称"巴菲特箴言"："在易受童话影响的童年时代，许多管理人员对一则经典童话印象过深，英俊的王子被女巫用魔法变成一只蟾蜍，美丽公主的亲吻，使王子变回人形，然后王子和公主幸福地生活在一起。由此出发，企业的管理人员确信自己的'管理之吻'能够为公司创造奇迹。这种乐观是起决定作用的。除了对未来乐观的预期，还有什么东西能让收购方公司的股东愿意以两倍的收购价格拥有目标公司的股份，而不是以只有收购价格一半的市场价格直接购买目标公司的股票。既然管理者愿意出两倍价钱获得亲吻蟾蜍的权利，那么这样的亲吻最好能创造奇迹。但是亲吻出现了很多次，奇迹却很少看到。即便公司后院里被亲吻后毫无反应的蟾蜍已经堆积如山。许多管理岗位上的公主们仍然沉着自信，认为自己的亲吻会在未来发挥威力"。

2001 年第三季度起出现了由盈转亏的逆转，2002 年亏损形势继续恶化且速度加快，仅 2002 年第三季度的净亏损额就达到 25 亿欧元，其中 9.72 亿欧元来自德累斯顿银行。2002 年，安联股价下降了 60% 以上。并购德累斯顿银行成为其严重亏损的重要诱因。直到 2004 年，德累斯顿银行大量裁员之后，财务才逐渐趋于稳定。

再如 1998 年 10 月，银行巨头花旗银行和保险业巨头旅行者集团合并。两家公司原本希望合并能够有助于实现"交叉销售"，把集中团体业务与分散性个人业务有机地融为一体，使新组成的花旗集团成为业务涉及保险、经纪、资金管理、信用卡和全球商业银行业的无可比拟的国际金融集团公司。但是，由于这两大金融巨头在企业文化方面的差异，特别是为了平衡人事安排而在同一岗位设置两个并列负责人的做法，使得合并后的新公司从高层决策到业务开展频频遇到来自原先两家公司的抵触，结果造成管理混乱。2000 年股价由 48 美元跌到 20 多美元，跌幅超过 50%。其后又不得不分拆旅行者的产险部门，并将旅行者的人寿和年金保险业务以 115 亿美元的价格出售给大都会保险集团，随后又解散了新兴市场部门。

保险在发达的市场经济国家作为一个成熟的产业，除了像信贷危机前的 AIG 一样向金融衍生产品扩展以推高风险为代价寻找新的利润增长点之外，向新兴市场寻找机会寻求发展几乎成为发达国家保险公司的一个共同出路。

中国无疑是最具吸引力的市场之一。2010 年中国保险市场的保费收入是 14 528 亿元，连续多年保持快速发展的势头，在国际金融危机爆发、全球保险业总体陷入低迷、业务增长缓慢的情况下，近五年来，我国保险业保费收入年均增长 24.2%，保险机构共实现投资收益 7 201.2 亿元，年均投资收益率超过 6%。目前中国保险市场已有保险公司 146 家，比 2005 年增加 53 家，形成了原保险、再保险、保险中介、保险资产管理协调发展的现代保险市场体系。无论从哪一个角度来看，中国保险市场都有着巨大的发展潜力。

更关键的是，中国的城市化为保险需求创造了源源不竭的动力，离开乡土的迁移人口所面对的风险更多，更复杂，也更需要社会保障和商业保险提供必要的健康、老年和意外伤害的风险保障。因此，中国的商业保险市场需要更多的竞争者，提供更加丰富、更有技术含量的商业保险产品和保险服务，而保险市场的进一步开放，引入更多的竞争者将是解决保险业问题的一个必然选择。

可以预见，随着世界经济的逐步恢复，会有更多的外资保险机构进入中国的保险市场，未来十年将可能出现一次外资公司进入中国市场的另一轮高潮。

二、中国保险业对外开放的若干重大议题

在以上的社会经济背景之下，未来十年，中国保险业的对外开放还面临着一些需要逐步解决的重大议题，这些议题基本上都是未来十年中国保险业的发展所不容回避的。

■■■（一）合资寿险公司的股权比例限制

合资保险公司的股权结构一直是一个比较敏感的话题，外资公司希望放开合资公司股权限制的呼声一直存在，普华永道 2010 年发布的关于中国大陆外资保险公司的一份研究报告显示，2009 年全体合资寿险公司一致赞成废除对合资公司股权比例的限制[①]。

自中国保险业大规模对外开放以来，外资股份不能超过合资公司的 50% 就是一个不可以突破的限制。这样的限制有着理论和实践的意义。

在理论上，50% 的中资股份可以保证中资方对合资公司的企业控制权[②]，而在现实中，50% 的股权限制也的确发挥过作用，这一限制使外资股东和中资股东在一些合资公司的管理中实现了企业控制权的均衡，企业在这种均衡中比较稳定和谐地发展；而在另一些合资公司中则出现了中外股东利益无法竞合的长期针锋相对的格局，导致公司无法持续正常经营而彻底失败。

所有权和经营权的分离是现代企业制度中的普遍现象，企业的所有者（股东）通过股东大会及其常设机构董事会雇用经理人（管理层）管理企业，股东拥有企业经营管理的决策权；而管理层则拥有企业经营管理的执行权。在理论上，在股东和管理层的雇佣合约中，双方将明确界定各项权利的归属，双方的权利一般是清晰的，这些被清晰约定的权利被称为"特定控制权"。

而在现实中，合约却永远是不完全的，限于信息和成本，双方既无可能也无必要将未来经营中全部可能发生的权利和义务都写进契约。在经营管理环境复杂多变的情况下，为了企业的持续稳定经营，总有一些事先无法约定的权利被"剩余"下来，在企业理论中，这种权利被称为"剩余控制权"[③]。剩余控制权

---

① PricewaterhouseCoopers, Foreign Insurance Companies in China, 2009－2010.

② 在企业理论中，企业控制权是指排他性使用企业资源的决策权。

③ 哈特和穆尔（Hart and Moore, 1990）"更加限定剩余控制权的含义"，他们把"决定资产最终契约所限定的特殊用途以外如何被使用的权利"定义为剩余控制权。

虽然是由股东和管理层共享的，但在股权分散化和股东社会化的背景下，直接经营企业的管理层凭借其信息优势，在经营管理中就会拥有更多的对契约中没有特别规定事项进行相机抉择的权利，即拥有更多的剩余控制权。

企业管理层所拥有的剩余控制权的大小及其利用剩余控制权的作为是和股权的集中度直接相关的，股权越是集中，管理层利用剩余控制权为自己牟利的可能性越小；相反，当股权分散时，剩余控制权就可能使股东无法约束管理者的行为，"内部人控制"将成为问题，甚至会导致企业管理的失控。现实中，这样的例子不胜枚举①。

为了真正掌握企业的剩余控制权，大股东有强烈的动机控制更多的股权，典型的案例是中国平安，平安集团拥有平安人寿、平安财险和平安信托99%以上的股权，拥有平安养老97%的股权，平安健康95%的股权，平安资产管理90%的股权，平安银行89%的股权，最低的控股权是75%，即平安集团通过平安海外拥有平安香港75%的股权，达到了平安集团控股子公司股权的下限。

当75%的控股权被认为是股东真正掌握企业剩余控制权的下限之时，50%的控股权又意味着什么呢？从合资寿险公司的运行来看，50%—50%的控股权不但意味着股东间的均衡控制权，也常常意味着势均力敌的斗争和长期不懈的内耗。当内耗达到极限，斗争无法妥协，总有一方要退出，当政策规定，外资不能以独资的形式拥有寿险公司的时候，合资公司转变成中资公司就会成为唯一的选择。但实际上，除非是监管部门或者保险消费者对中资公司比外资公司有更大的偏好，否则，这样的转型也未必是监管部门和保险消费者所希望看到的。

然而，在另一些合资公司，50%的限制也没有太大的意义。比如中英人寿的中方股东对外资股权的比例并不敏感，中粮集团对保险公司的直接管理没有兴趣，更没有将股权扩张到50%以上的积极性。外资股东英杰华擅长保险公司的管理，利用中方股东的关系可以更好地拓展保险业务并将本土化的工作做到位，既然公司管理权已经占有主动地位，因此对股权扩张也不感兴趣。双方的关系友好融洽，公司的发展稳健而和谐。对这样的合资公司而言，股权比例限与不限，限多限少，关系不大。

实际上，对股权比例敏感的恰恰是中外方矛盾比较大的公司。而对中外方矛盾比较大的公司而言，最好的解决办法是允许合资公司中资化或者外资化，股权比例50%的硬性限制意义也很小，类似于以外力维持不幸福的婚姻。总之，从现实情况来看，保险监管部门对公司股权比例设定的强制性外部规则似

---

① 2010年国美电器的"陈黄大战"就是一个极为典型的案例。

乎意义不大。

股权比例限制背后更深层的东西是限制外资独资寿险公司的商业存在。实际上，这种限制既会导致合资公司乃至整个寿险业效率的损失，也缺乏公平性。保险公司的效率损失在于文化差异下的内耗成本，而整个保险业的效率损失则表现在市场上竞争的寿险公司中缺少真正的"鲶鱼"。不公平则主要体现在友邦作为较早进入中国保险市场的外资公司是以独资形式存在的，而其他外资保险公司则无法享受到同样的政策。

合资公司股权比例的限制在发达国家并不常见。以英国为例：在英国的保险公司中，对外国资本可占的最大比例没有限制，外资公司可以 100% 持股英国本地的公司。保险行业允许 100% 的外国直接投资。以上可由在英国营业的美国人寿的例子来说明，美国人寿是美国国际集团（AIG）的成员公司。美国人寿在英国提供人身保险服务，是 AIG 的全资附属机构。而总部位于加拿大的加拿大人寿英国分公司在英国提供保险服务，同样，此家在英国开展保险业务的分支机构为加拿大人寿独资所有。

新兴国家则做法各异。比如，印度对合资公司中的外资股权比例有较严格限制。而韩国则在 1998 年 5 月废除了外资在合资寿险公司中的股权比例上限 49%，允许外资按照自己的意愿进行参股。

中国改革开放的过程是一个与世界接轨的过程，从国际的发展方向来看，逐步放开合资寿险公司的股权比例限制，将是历史的必然。从若干年来在中国保险市场上合资寿险公司整体的绩效来看，已经很难找到对股权比例继续限制下去的依据。

剩下的唯一必要性也许是将寿险合资公司的股权比例作为对外开放的筹码以备在谈判中使用，但这也是没有太大意义的，未来十年，不会再有涉及如此多国家的国际贸易多边谈判，而且一些经营状态良好的合资公司对股权比例限制的态度也在发生变化，比如普华永道 2010 年的外资保险发展报告就显示，与 2009 年相比，外方股东建议废除合资保险公司股权限制的公司一下子就少了 4 家[①]。从筹码的角度来说，在它失去某种象征意义之前主动废除要比它不再有任何价值时再废除更有利于展现中国保险市场对外开放的积极态度。

■■■（二）保险业对外开放的深度与广度

一个国家或地区在保险业开放的过程中，都面临一个共同的问题：即保险业

---

① PricewaterhouseCoopers, Foreign Insurance Companies in China, 2009 - 2010.

放开到什么程度是最佳的。开放程度包括深度和广度两个二维向量。开放深度指外资保险公司在整个保险市场中的业务比重，其表现值包括保费收入比重、市场份额、公司家数比重、资产比重等指标；开放广度指保险公司能够经营的业务范围、地域范围等指标。尽管比较优势理论等国际贸易理论认为没有限制的国际贸易可以同时提升贸易双方的经济福利，但现实中的国际贸易壁垒却无处不在。而在严格意义上，世界上没有哪一个国家的保险业是绝对、完全、毫无保留地对外开放的。

　　无论是监管部门，保险企业还是学术界，都希望找到一个恰当的保险业对外开放深度的均衡点。特别是监管部门，非常希望有一个可以参照的依据：保险业开放到什么深度是最佳的，比如说，外资保险公司的市场份额或外资保险公司的数量达到一个什么样的比例是合适的。

　　然而，这样理想的开放深度均衡点是不可能找到的，虽然许多学者构建了模型设定了标准，但其价值仅限于理论研究，没有太多的实际意义。通俗的理解类似于打井取水，不用说在全国的范围内给出一个出水井深的标准值，就是在一个有限的区域内，这样一个标准值也很难找到，因为不同的用途决定着井的深度：一家一户的井、一村一镇的井深是不一样的，生活用水、灌溉用水和工业用水的井深也是不一样的。同样，不同时期、不同地域理想的开放程度是不一样的，更主要的是，对外开放对不同的利益群体有着不同的经济影响，对一些群体来说，一些开放政策可能使其经济福利增加；而对另一些群体而言，同样的开放政策可能会使其福利降低，而根据阿罗不可能定理，经济福利又是不能加总的，因此，不可能找到一个最佳的均衡点，使每个群体都满意。

　　当然，如果仅从国家金融安全的角度去分析对外开放的程度问题，则可以根据典型发达国家和发展中国家保险业的开放程度来确定一个大致可行的均值和区间。通过国际横向比较分析，一般可以认为：外资保险公司的市场份额在25%以下是绝对安全值；外资公司的市场份额在50%以下是相对安全值。

　　自然，以上数值仅有一般的参考意义。随着一个国家和地区金融市场整体开放程度的变化，特别是汇率制度的改革和资本项目开放的进程，这个数值也将是动态变化的。就目前中国保险市场的开放程度而言，尚处在绝对安全值之内。因此，我们有余地进一步加大开放力度，提升保险市场的竞争水平，丰富保险市场的产品。在产品、渠道和服务上，给保险消费者以更多的选择。

　　对中国保险业的进一步开放而言，与找到一个最佳的开放均衡点相比，解决一些具体的开放问题、提升保险市场的公平和效率似乎更加重要。

➡ 1. 国民待遇和超国民待遇

希望获得"国民待遇"无疑是每个外资机构梦寐以求的,除非它已经获得了"超国民待遇"。

在中国改革开放的初级阶段,外资保险公司一直享受着一些超国民待遇。20 世纪 70 年代末到 80 年代初,中国国内保险业务恢复的最初几年,国家对保险业采取了免税扶植的政策。从 1983 年开始,免税被高税赋政策所取代。1983 年国家实行利改税的财税体制改革后,我国逐步形成了以营业税和所得税为主体,以印花税、城市维护建设税、教育附加税为辅助的保险业税收制度。

外资保险公司所获得的税收优惠并非是专门针对外资保险公司的,而是针对所有外资企业的。中国实行的是内外有别的两套企业所得税制,内资企业适用《企业所得税暂行条例》,而外资企业,包括中外合资经营企业、中外合作经营企业和外资企业,适用《外商投资企业和外国企业所得税法》,内外资企业所得税差别悬殊。中国国家税法、地方税收法规和地方税收优惠政策几乎都赋予了外资企业以超国民税收优惠待遇。在保险业,外资保险公司所得税率为15%,并享受两免三减半的税收优惠政策①,所得税和营业税等主要税种的税制变迁如表 5 – 1 所示。

表 5 – 1 中国保险业的税制变迁

年 份	税 种	税收规定
1980 ~ 1982		国内保险业务恢复期,保险业免税
1983 ~ 1987	所得税	税率55%,上缴中央财政
	调节税	按毛利润的20%缴纳调节税,中央财政和地方财政各 1/2,1985 年税率提高到 15%
	营业税*	税率5%
1988 ~ 1993	所得税	税率55%,中央财政和地方财政各 1/2
	调节税	税率15%,中央财政和地方财政各 1/2
	营业税	税率5%,地方财政

---

① 即自获利年度起,第一年、第二年免征企业所得税,第三年至第五年减半征收企业所得税。

续表

年　份	税　种	税收规定
1994～1996	所得税	中国人民保险公司适用55%的税率，平安、太平洋等保险公司适用33%的税率，外资保险公司适用15%的优惠税率
	营业税	寿险业务、农险（含牧业、林业、渔业保险）业务、从国外分入的再保险业务免征营业税，其他保险业务统一按5%的比例税率征营业税
	调节税	取消
1997～2000	营业税	税率由5%调整为8%
	所得税	中资保险公司执行33%的所得税率，外资保险公司所得税率继续为30%，在经济特区和沿海经济开放区可以享受到15%、24%的优惠税率，并享受两免三减半的税收优惠政策
2001～2008	营业税	从2001年起，保险业营业税税率每年下调1个百分点，到2003年，保险业的营业税税率已从8%降低到5%
	所得税	外资保险公司所得税率继续为30%，继续享受两免三减半的税收优惠政策
2008～2011	营业税	中外资保险公司同为5%
	所得税	中外资保险公司同为25%

注：＊按总保费及贷款利息收入和手续费收入之和缴纳营业税，国外分入业务、农险业务、出口信用险和出口货运业务免营业税。

资料来源：根据财政部、国家税务总局和保监会网站提供的资料整理。

除了税率上的差异以外，中、外资保险公司缴纳的所得税在计税工资、职工福利费、捐赠支出、业务招待费、利息支出、坏账损失、固定资产折旧等方面的规定上都有所不同。比如，中资保险公司计税工资有最高限额的限制，职工福利费按计税工资的14%计算扣除，而外资保险公司的职工工资可据实从成本中列支；中资保险公司提取坏账准备金的比例为年末应收账款余额的0.3%～0.5%，呆账准备金为年初放款余额的1%，而外资保险公司则按年末放款余额或应收账款余额的3%提取坏账、呆账准备金。又如在捐赠支出方面，中资保险公司用于公益、救济性的捐赠支出在不超过当年应纳税额的1.5%的标准以内可以据实扣除，超过部分不得扣除，而外资保险公司用于公益、救济性的捐赠可作为当期费用全部列支。

2010年12月之前，外资保险公司的税负中没有中资保险公司所必须承担的城市维护建设税和教育费附加。城市维护建设税，以营业税的5/8为税基，城市、县城、农村的税率分别为7%、5%和1%；教育附加费，也以营业税的5/8

为税基，税率为3%；财产保险合同除农牧业保险合同外按保险费的1‰缴纳印花税。

对外资保险公司税收上的超国民待遇主要是为了配合国家整体的对外开放政策。然而对保险业来说，外资保险进入中国的根本原因是市场导向，而不是税收导向的，税收优惠并非外资保险公司进入中国市场所考虑的主要因素。按照有些国家的法律，在国外获得税收优惠的公司需要回到本国补缴，这就相当于政府之间的财税转移，对中国财政而言是无谓的净损失。在外资保险公司业务和营业地域受限、市场份额比较小的情况下，税赋扭曲的影响还不十分严重，但随着开放承诺按时间表的逐一兑现，负面影响越来越大。这样一项既造成经济福利净损失，又不利于本土保险公司公平竞争的税收政策需要彻底改革。

针对中外资保险公司税制上的改革是渐进性的。2008年新修订的《中华人民共和国所得税法》施行后，内外资企业开始共同享有25%的企业所得税税率，并执行统一的税前扣除办法和优惠政策；2010年12月开始，外资保险公司也开始像中资保险公司一样，缴纳城市维护建设税和教育费附加。

税收制度上的平等为中外保险公司的发展创造了一个公平的竞争环境，而税收上对外资公司超国民待遇的取消，也使得给予外资公司国民待遇的要求变得顺理成章。

➡ **2. 交强险的经营资格**

根据入世协议，与中资保险公司相比，目前外资保险公司尚不能提供的只有法定业务，而法定业务中，也只有机动车交通事故第三者责任强制保险对外资保险公司的业务经营有一定的影响。

自2006年7月交强险开始实施的五年来，交强险每年都是大众异常关注的话题，有关交强险的争议也从未间断。中国保险行业协会自2006年以来每年发布全行业交强险经营业务报告。2009年的数据显示，2009年交强险保费收入668亿元，承保亏损53亿元，扣除24亿元的投资收益后，实际经营亏损达29亿元，最终结果是，截至2009年底，交强险的累计利润由盈转亏8.5亿元。

《中国保监会关于2010年度机动车交通事故责任强制保险业务情况的公告》则显示，2010年交强险经营亏损72亿元，其中，承保亏损97亿元，投资收益25亿元。

为摊薄亏损，交强险市场应该引入更多的竞争者。充分竞争的交强险市场，才会使优胜劣汰的机制建立起来，也才能最终扭转交强险亏损的局面①。而要达到充分竞争，30 家公司的参与是远远不够的。

外资公司希望经营交强险的呼声最为强烈，因为交强险和其他车险的销售紧密联系在一起，被排斥出交强险市场的保险公司在很大程度上也被排除在了其他商业车险之外，所以，放开"亏本"的交强险市场，对交强险市场"界外"的公司来说是大大的福音。

3. 分支机构的设立

目前部分外资保险公司反应比较强烈的一个问题是分支机构开设中的内外有别。本书课题组在一些外资保险公司实地调查得到的信息表明，在分支机构设立方面内外资公司存在政策的差别：中资保险公司分支机构的设立需要地方（省级）保监局的批准，外资公司分支机构的设立则需要中国保监会的批准，而审批部门层级的不同导致审批难度的差异，所以外资公司感觉到获得地方分支机构设立的许可要难于中资公司。

但也有一些外资公司对此问题持不同的态度。这些公司认为，外资公司地方分支机构设立的限制并不在于政策上的内外有别，而主要是受限于母公司的策略及其在中国大陆的扩张能力。以其保费收入的增长水平，达不到监管部门允许开设更多分支机构的最低标准，即使保险监管部门不在数量上设限，外资公司开设分支机构的速度依然缓慢，很多公司连每年开设 2 家省级分支机构的指标都用不完。

基于外资公司的不同意见，我们认为，监管部门有必要根据保险公司的偿付能力统一设定内外资保险公司设立分支机构的标准和审批权限，不论是中资公司，还是外资公司，都应由市场的力量而不是行政的力量决定保险公司的区域布局，分支机构的开设实际上已经是保险公司的微观经营策略，监管部门的过多干预只能导致市场效率的减损。

（三）外资保险区域平衡发展和保险供给结构平衡发展的问题

本书前面的章节详细分析了外资保险公司在中国大陆的区域发展战略，在指出外资保险机构在区域布局上严重不平衡性的同时，也展示了不发达地区外资保

---

① 扭转交强险亏损的途径不是提高费率，而是基于有效退出机制的充分竞争，让所有愿意加入进来的公司都来参与竞争，然后将亏损严重的公司清出市场。否则，交强险仍将是令监管部门头痛的"黑匣子"，年年成为社会舆论的焦点。

险机构可以进一步拓展的巨大的发展空间。

外资保险公司相对集中的一线都市和沿海城市是保险业竞争异常激烈的"红海市场"，外资保险的加入使竞争更加激烈。在北京、上海、广州这样的一线城市，外资保险公司分支机构众多，然而在这些地方，外资保险公司在产品、服务和技术方面的优势却因竞争条件的限制而无法发挥，市场份额也相对较小，而对于广大的中西部地区，外资保险机构涉猎较少。显然，外资保险在探索区域布局的"蓝海"方面与中资保险机构存在差距，尚未能掌握中国经济梯度发展的先机。

在外资公司在发达地区扎堆的大背景下，虽然只有少量的外资保险公司独辟蹊径，在中西部地区设立分支机构，但深入的研究发现，其经营绩效还是引人注目的。

解决外资保险区域布局不平衡问题的重点在于消除信息壁垒，也在于政府部门实施有效政策的引导，更在于改变外资保险的管理层在区域布局决策上过于保守的态度。

与外资保险区域布局不平衡相似的是外资保险供给结构不平衡的问题。外资保险公司和外资保险经纪公司、公估公司和代理公司的比例明显失调，外资保险中介公司的数量有待增加，质量也有待提升。

■■■（四）保险业"走出去"的问题

只有"引进来"，没有"走出去"的开放，不是真正的对外开放。"走出去"战略一直是中国对外开放战略的一个重要组成部分①。

与汽车行业一样，改革开放以来在竞争中逐渐成长起来的中资保险公司走向世界的愿望一直比较强烈。比如，早在21世纪初，中国平安就有一个将公司最终打造成为世界排名居前的国际金融财团的发展愿景，而泰康也拥有一个从中国内地到中国香港，再以香港为跳板，向国际发展的规划。从2003年开始，人保财险、中国人寿、平安保险、太平洋保险、泛华经纪等公司先后在境外上市，取

---

① 《我国国民经济和社会发展十二五规划纲要》提出：按照市场导向和企业自主决策原则，引导各类所有制企业有序开展境外投资合作。深化国际能源资源开发和加工互利合作。支持在境外开展技术研发投资合作，鼓励制造业优势企业有效对外投资，创建国际化营销网络和知名品牌。扩大农业国际合作，发展海外工程承包和劳务合作，积极开展有利于改善当地民生的项目合作。逐步发展我国大型跨国公司和跨国金融机构，提高国际化经营水平。做好海外投资环境研究，强化投资项目的科学评估。提高综合统筹能力，完善跨部门协调机制，加强实施"走出去"战略的宏观指导和服务。加快完善对外投资法律法规制度，积极商签投资保护、避免双重征税等多双边协定。健全境外投资促进体系，提高企业对外投资便利化程度，维护我国海外权益，防范各类风险。"走出去"的企业和境外合作项目，要履行社会责任，造福当地人民。

得了积极的成果。上市对这些公司整体经营管理理念的变化、管理水平的提高等都起到了非常重要的作用①。

保险业走向国际市场可以增强保险业在经济全球化背景下的竞争能力和发展能力，适应境外直接投资和为国际贸易服务的迫切需要，符合国家"积极参与全球经济治理和区域合作、积极创造参与国际经济合作和竞争新优势"的对外开放战略。

然而，到目前为止，中国的保险业尚未培养出国际知名品牌，虽有几家保险公司进入财富500强，但其海外业务却乏善可陈，缺乏国际影响力。国际化是未来中国保险业健康发展、成长壮大的必由之路，只不过这条路可能比较漫长，也比较艰辛，成功之前还会遇到很多坎坷和多次的挫败，但毋庸置疑的是，随着经济的全球化和中国对外开放的进一步深化，中资保险公司必须置身于国际舞台，走向国际市场，在经营好本土业务的同时，到更广阔的空间参与到国际竞争中去。唯其如此，才能逐渐形成国际竞争力，才能培养出国际品牌②，才能参与国际竞争规则的制定，才能在国际化的市场中占据一席之地。

发达国家的保险企业进入中国保险市场的一个主要原因是保险产业对实业的跟进，为实业发展提供风险管理服务以保驾护航，为本国实业进入其他国家服务③。从实证的角度，实业和金融保险服务业在东道国共同的商业存在是一个多赢的战略选择，这实际上恰是在十年前中国入世的谈判中各签字国急切要求中国发放外资保险公司牌照的一个重要原因④。

在现代市场经济条件下，企业参与国际化竞争的过程中如果没有保险业的配合，没有保险公司提供专业的风险管理服务，就如同缺乏护航的商船船队，其风

---

① 参见陈文辉在2011年"上海陆家嘴论坛"上的讲话。

② 观察目前国际保险集团的发展战略，2009年财富500强中的前十大保险公司，除日本邮政控股公司由于其特殊背景导致的本土化经营以外，均实现了跨国经营，业务地域基本涵盖全球，甚至其中多家公司海外经营盈利能力已超过了本土地区。如法国安盛集团，通过不断拓展全球市场，如今已一跃成为全球第二大的保险公司。安盛有高达77%的经营收入来自法国境外，而其境外收入的绝大部分均为承保法国跨国公司境外直接投资收入，参见袁敏：《保险业"走出去"大有可为》，载《上海金融报》2010年10月29日。

③ 韩国现代财产保险（中国）有限公司进入中国保险市场就是一个典型的例子。韩国现代财产保险（中国）有限公司成立于2007年2月，其母公司是成立于1955年的韩国现代海上火灾保险株式会社，公司进入中国市场的初始动因是支持韩国现代集团和其他韩国在华公司的发展，几年来其业务范围扩展较快，客户种类也日益丰富，但目前主要服务对象仍是在中国境内营业的韩国企业。韩国现代财产保险（中国）有限公司延伸了母公司本土客户海外业务的风险管理和保险服务，使保险服务和实业扩展紧密结合，取得了非常好的双赢效应。

④ 大型的跨国集团最希望母国保险公司的机构延伸到其业务范围内的所有领域，"一对一"的全球合作模式可以节省大量的保险搜寻和交易成本，享受统一的、熟悉的、全面的和及时的风险管理、全球救援、信息服务，因此，外资保险公司垂涎新型国家市场准入牌照的背后都隐藏着若干家跨国集团的面孔。

险将会大大增加。

据商务部统计，截至 2009 年底，中国 1.2 万家投资者在全球 177 个国家、地区设立境外直接投资企业 1.3 万家，对外直接投资累计净额 2 457.5 亿美元，境外企业资产总额超过 1 万亿美元，名列全球第五位。截至 2010 年底，中国对外承包工程累计完成营业额 4 356 亿美元，签订合同额 6 994 亿美元；中国对外劳务合作累计完成营业额 724.4 亿美元，合同额 750.5 亿美元，累计派出各类劳务人员 533.6 万人，约有 146 万人在海外工作。国际金融危机后的 2010 年，中国境内投资者共对全球 129 个国家和地区的 3 125 家境外企业进行了直接投资，累计实现非金融类对外直接投资 590 亿美元①。遍布全球的商品和服务交易、劳务输出和境外直接投资形成了对保险机构向海外延伸服务的巨大需求。而很多企业对海外投资地的各种风险了解甚少，投资亏损甚至造成重大损失的比例较高，这与我国保险公司的保险保障和风险管理服务难以跟上有很大的关系。

未来十年，我国对外直接投资将以更快的速度增长，国内资本和劳务输出的规模和地域范围也将进一步扩大，迫切需要国内保险机构随之走向国际市场，支持、服务于中国企业在海外的各种商业活动，提供即时可靠的风险管理和保险保障服务。

从另一个角度分析，保险业将外资保险引进来的一个目的是希望借此学到外资公司在经营战略、风险管理、公司治理、精算技术、产品创新、营销体制、人员培训等方面先进的技术和管理经验，实际上，学习技术和管理经验最好的办法可以"引进来"学，但更应当是"走出去"，到国际市场中学，尤其是到发达国家学习，才能够学到最核心的技术。比如对保险公司风险管理服务能力比较强的德国和韩国而言，保险公司为企业客户所提供的风险管理服务及其核心技术不到德国和韩国本土是很难学到的，因为限于各种条件，德国和韩国保险公司在中国的分支机构的风险管理优势也是很难发挥出来的，很难为东道国提供具有鲜明特色的模板。

中国加入世界贸易组织后的十年来，中国实业界产生了许多走向国际市场的成功案例。特别是联想并购 IBM 的个人计算机业务，海尔集团在海外市场上的拓展，奇瑞汽车在海外设厂，百度和华为的强势出击，都令国际市场刮目相看。

中国保险公司走向国际是历史的必然。但必须指出的是，走出去的风险也是不容忽视的，特别是在国际政治经济环境不断发生剧烈变化的背景下，风险应是中国保险公司走向国际市场首要的考虑因素。与"引进来"相比，"走出去"有

---

① 资料来源：中华人民共和国商务部网站。

着更大的风险。保险行业内有平安投资富通亏损百亿的经验教训①，而保险行业外的案例则更多。商务部的资料显示，2008 年中国海外并购损失高达 2 000 亿元人民币。特别是中投投资黑石、雷曼兄弟导致巨亏，中国铁建投资沙特轻轨项目巨亏 41 亿元人民币，中国航油（新加坡）股份有限公司在石油期权和期货投机中判断失误，造成了 5.5 亿美元以上的损失，这些都是惨痛的教训。而商务部的阶段数据显示，因为利比亚战事，中国企业遭受的直接损失可能高达人民币1 233.28 亿元。

除了重视风险，谨慎行事外，中国保险公司"走出去"参与国际竞争还有以下几个需要突破的障碍：第一是国际购并经验的缺乏；第二是人才的匮乏；第三是急于求成的心态；第四是中国企业走出去之后的本土化问题。

中国企业缺乏国际并购的经验，这是中国企业海外拓展失利的一个共同原因。兼并收购是海外拓展的一条捷径，而海外并购离不开投资银行等国际金融机构。一些国际金融机构表面上是实力雄厚、信誉卓著的金融组织，实际上其背后却是居心叵测、无所不为的"金融大鳄"，专以设计陷阱猎杀新兴国家的投资者为获利手段。识别并避开这样的机构是很不容易的，需要对国际资本市场有足够深入的了解，也需要一支不被其腐蚀的管理团队。同时，东道国的政治环境、经济环境、法律环境、社会文化环境、资源环境以及劳资环境蕴涵的风险都对中国企业的海外拓展构成威胁，特别是在中国企业对商业环境和法律制度缺乏了解，或者并购对象的规模和复杂程度超出自己控制能力的情况下，稍有不慎就可能满盘皆输。利比亚危机中中国企业的巨大损失就是一个惨痛的教训。保险企业"走出去"之前必须深入学习总结国际并购的经验，否则就可能会付出昂贵的学费。

与并购经验紧密相连的是国际化人才。虽然平安高层 60% 以上都具有国际化背景，是国内保险业最优秀的管理团队之一，但在真正走向国际市场的过程中仍不免折戟沉沙，这表明中国保险业国际化人才积累远未适应中国保险企业

---

①　平安投资富通的案例可以看做是中国保险业走向国际市场的一次重要尝试。尽管媒体对此多有负面评价，但从长远的、国际化的视角来看，此次并购的经验和教训如果能够供全行业共享，从而在一定程度上避免未来发生的损失，平安的百亿"学费"也许是值得的。平安投资富通的过程：2007 年 11 月 27日，中国平安保险股份有限公司通过子公司——中国平安人寿保险股份有限公司斥资 18.1 亿欧元从二级市场直接购买欧洲富通集团约 4.18% 的股权，共 9 501 万股股份，成为富通集团第一大单一股东，并于2008 年 3 月增持至 4.99%，2008 年 4 月 2 日，平安在深圳和富通正式签署协议，平安以 21.5 亿欧元的价格，收购富通旗下的富通投资管理公司 50% 的股权。平安再于 2008 年 6 月通过闪电配售增持富通集团至1.21 亿股。不幸的是，随着美国次贷危机的蔓延，富通隐含的巨大风险和损失逐渐被暴露出来——富通共持有在美国次贷危机中破产的雷曼兄弟 1.37 亿欧元的债券，2.70 亿欧元的逆回购交易，雷曼兄弟破产带来的巨大损失导致富通股价大幅下跌。2009 年 10 月，平安在三季度财务报告中对富通集团股票投资提取减值准备，把约 157 亿元的市价变动损失转入利润表中反映，平安终止了以 21.5 亿欧元的对价投资富通投资管理公司 50% 股权的协议。

"走出去"的需要。

急于求成的心态是中国企业国际化的大忌,作为金融服务业之一的保险业尤其如此。在中国的保险业跨出国门之际,在我们对国外的金融机构、政策法规知之有限,在保险公司本身的管理、产品、技术、服务,特别是思维方式和发展模式等方面都未达到国际化水平的情况下,"小步快走"的战略总体上要优于"一步到位"的战略。欲速则不达。

本土化问题是外资保险公司在中国的一个难点,前面章节的研究显示,很多外资公司发展缓慢与其本土化滞后有一定的关系。中国保险企业走出去之后也会遇到同样的难题,而且会更难。如何解决本土化问题?实际上答案就在眼前:"引进来"的外资保险公司中的佼佼者现在是如何本土化的,未来中资保险公司海外扩展就应如何"本土化"自己。

■■■ (五) 保险业与其他金融部门改革开放的相互借鉴与协同

保险业作为金融业的一个重要组成部分,其对外开放难以也不宜长期单兵突进,保险业的进一步开放需要与金融业其他部门开放的密切配合。

曾有人预言,21 世纪所有的战争,都将是广义的金融战,金融作为经济的血脉,正在成为一些利益集团在世界范围内掠夺财富的工具。作为不流血的战争,金融战争将更为残酷,无须攻城略地,就可以使一个国家或地区的经济陷入萧条,社会陷入动荡,政府和民众若干年积累的财富化为乌有。金融阴谋论虽不免有些偏颇,但金融业的开放无疑对国家安全至关重要,需要万分小心谨慎对待。

中国加入世界贸易组织时,在长达数百页的 WTO 议定书中,金融服务贸易被浓墨重彩,中国的金融开放被外在地规定了加速度和时间表。十年过去了,中国金融业在金融安全和金融开放之间寻求着基本平衡,从而比较稳定健康迅速地发展着。

我国银行业对外开放成绩显著。按照入世承诺,中国加入世贸时,即允许外资金融机构在华提供外汇服务,取消地域和服务对象限制。根据 WTO 的协议,2006 年 12 月 11 日开始取消了人民币业务的地域限制,允许外资金融机构向所有中国客户提供服务,取消了所有对外资银行的所有权、经营权的设立形式,包括所有制的限制,允许外资银行向中国客户提供人民币业务服务,给予外资银行国民待遇。2006 年 11 月,国务院颁布了新修订的《中华人民共和国外资银行管理条例》,中国银行业监督管理委员会正式对外发布《外资银行管理条例实施细则》。

银监会的数据显示,截至 2010 年底,45 个国家和地区的 185 家银行在中国大陆设立了 216 家代表处,14 个国家和地区的银行在中国大陆设立了 37 家外商

独资的当地法人银行①（下设 223 家分行）、2 家合资银行（下设 6 家分行，1 家
附属机构）、1 家外商独资财务公司。另有 25 个国家和地区的 74 家外国银行在
中国大陆设立了 90 家分行。44 家外国银行分行、35 家外资法人银行获准经营人
民币业务，56 家外资银行获准从事金融衍生产品交易业务。有 40 多家外国的金
融机构投资入股中国的大型、中型和小型的银行机构。

表 5 - 2　　　　　　　　　在华外资银行业金融机构情况

（截至 2010 年底）　　　　　　　　　　　　单位：家

	外国银行分行	独资银行	合资银行	独资财务公司	合计
法人机构总行		37	2	1	40
法人机构分行及附属机构		223	7		230
外国银行分行	90				
总　　计	90	260	9	1	360

资料来源：中国银行业监督管理委员会。

中国加入世贸组织以来，尤其是近些年来，外资银行在华营业机构数和资产
增长较快，但资产占银行业金融机构总资产的比例仍然较小（见表 5 - 3），这一
点和保险业的情况比较相似。

表 5 - 3　　　　在华外资银行营业机构数与资产情况（2004～2010 年）

项目 \ 年份	2004	2005	2006	2007	2008	2009	2010
营业性机构数＊（家）	188	207	224	274	311	338	360
资产（亿元）	5 823	7 155	9 279	12 525	13 448	13 492	17 423
占银行业金融机构总资产比（%）	1.84	1.91	2.11	2.38	2.16	1.71	1.85

注：＊含法人银行机构、分行、附属机构、外国银行分行。

资料来源：中国银行业监督管理委员会。

中国银行业在"引进来"方面的策略值得借鉴：以"以我为主，循序渐进、
安全可控、合作竞争、互利共赢"为原则，以"引资"为纽带，以"引制"、
"引智"、"引技"为目的。在此原则和目的下，无论是批准法人银行机构，还是
在中资金融机构中引入战略投资者，都具有很强的选择性和技巧性，在推动金融
机构在公司治理能力、经营管理理念、资本约束和风险控制手段、业务水平和金

---

① 法人银行作为境内独立法人，是本地注册，由本国监管机构承担主要监管责任的银行；而外国银
行分行是境外注册银行的分支机构，由母国监管机构承担主要的监管责任的银行。

融创新能力等方面的提高都取得了良好的效果。

在"走出去"方面，银行业虽也有一些失败和教训，但总体而言，比较稳健。截至 2010 年底，5 家大型商业银行在亚洲、欧洲、美洲、非洲和大洋洲共设有 89 家一级境外营业性机构，收购或参股 10 家境外机构，6 家股份制银行在境外设立 5 家分行、5 家代表处，2 家城市商业银行在境外设立 2 家代表处，为中国的国际贸易和对外投资提供了有效的金融服务。

随着银保合作的推进，中国银行业和保险业的合作正在逐步走向深入，银行和保险公司的相互持股和深度合作成为一股新的潮流，这为银行和保险业的协同开放战略提供了越来越坚实的基础。

金融业的其他部门如证券业、信托业和基金业也都面临着新的世界政治经济环境下对外开放的问题。虽然与保险业的关系没有银行业那么密切，但相互之间的学习和协同开放还是非常必要的。

证券业的开放是金融体系对外开放中最为引人注目一个领域，学术界对其争论最多，其经验和教训也为全世界所关注。

加入世界贸易组织后的十年来，中国证券业切实履行了对外开放的有关承诺，先后批准 41 家和 19 家境外证券经营机构在沪、深证券交易所直接从事 B 股交易，在中国大陆许可设立了 4 家合资证券公司、31 家合资基金管理公司，允许 4 家境外证券机构的驻华代表处成为沪、深证券交易所特别会员，允许 6 家境外证券交易所在华设立代表处。在入世承诺之外，中国证券业还主动实施了合格境外机构投资者（QFII）、合格境内机构投资者（QDII）等一系列对外开放的制度安排。

自 2008 年美国次贷危机引发全球性的金融危机以来，中国证券业开放的步伐有明显加快的趋势。比如 2011 年 6 月，中国证监会发布了修订后的《证券投资基金销售管理办法》，允许符合条件的在华外资法人银行与本国银行在互助基金分销上享受同等权利，具有申请基金销售机构资格。而更引人关注的则是中国证监会正在加速推进设立国际板的进程，允许境外企业在中国 A 股发行上市，汇丰控股、恒生银行、纽交所、大众汽车、奔驰、可口可乐、西门子、东亚银行、星展银行等国际知名企业迫不及待地希望借此在中国大陆上市融资。

金融五业中，社会各界对中国证券业对外开放的争议最多，特别是对已经有近 20 年历史但发展坎坷曲折的 B 股市场的出路问题、中国走出国门在海外上市企业的诚信危机问题和创业板的开设问题等，都引起了广泛的争议，许多问题亟须解决。证券业开放中的经验和教训非常值得保险业借鉴。

金融业的对外开放关系到中国的经济发展和社会稳定，因此，金融业的开放更需要审时度势，量力而行，并需要金融各业的相互配合和协同推进。金融业开放是一个系统工程，既不能闭关锁国，也不能为了充当所谓"华尔街的救命稻草"等虚名而盲目开放。金融业的对外开放首先要基于国家和人民的切身利益，凝聚各方意见，尽量防止因公权部门某些官员的傲慢与偏见、无知和贪婪给人民利益造成难以挽回的巨大损失。

三、政策建议：未来十年中国保险业对外开放的战略路线图

在中国改革开放的宏观背景下，中国保险业的对外开放是一个不可阻挡的历史潮流。未来十年，中国保险业将是中国加入世界贸易组织十年来改革开放的延续，也将是进一步取得更大发展的十年。凡事"预则立，不预则废"，开放战略是中国保险业健康稳定持续发展的基础，中国保险业的开放应有一个中长期的战略规划。基于前面各章的研究，本章提出一个未来十年保险业对外开放的三阶段的战略规划，具体战略阶段的安排参见图 5-1。

任何战略构想的实现都依赖于具有可操作性的实施步骤，而总体规划、分步实施是中国保险业进一步开放应遵循的基本规则。鉴于此，我们粗略地将未来十年中国保险业的进一步开放战略实施期划分为三个阶段（见图 5-1）。

■■■（一）第一阶段：2011~2013 年

2011~2013 年是中国保险业对外开放十年之后，全面系统地总结中国加入世界贸易组织以来，乃至中国改革开放以来，中国保险业对外开放的经验和教训的基础上，针对中国保险业进一步开放所面临的若干问题，开展全面深入系统的研究工作，为进一步的改革开放提供理论和实践经验的支持。

首先，应对合资寿险公司的股权结构问题进行深入的调查研究，积极听取中资保险公司和外资保险公司，特别是合资寿险公司的意见和建议，分析合资寿险公司若干年来的经营绩效及其面临的各种问题，考察合资转中资后的保险公司的经营绩效及其对整个保险市场的影响，从定性和定量、微观和宏观、经济和社会等多个层面衡量放开寿险公司股权比例限制的利弊。

其次，保险监管部门和行业协会应对外资保险公司分支机构的设立和交强险的经营许可问题进行深入系统的调查研究，分别听取外资保险公司和中资保险公司的意见和建议，充分讨论，达成共识。分析预测将外资保险公司分支机构设立的审批权下放到地方保险监管局的社会经济效果。与此同时，对给予外资保险公司交强险经营许可可能对交强险市场的影响进行深入系统的分析。根据前述若干重大议题的讨论，我们认为交强险完全可以对外资保险公司开放。

	第一阶段（2011~2013年）	第二阶段（2014~2017年）	第三阶段（2018~2021年）
股权结构战略	对合资寿险公司股权结构问题进行深入调研，从定向和定量两方面衡量放开寿险公司股权比例的利弊*	在系统调查研究的基础上，选择试点上，放开合资寿险公司的股权比例限制，从50%—50%放宽至70%*	合资寿险公司的股权比例限制完全放开
业务准入战略	对外资保险公司分支机构的设立方向问题进行深入调研，充分讨论，形成共识。交强险对外资开放*	分支机构设立：选择试点地区，将审批权下放至保监局；建立交强险等法定保险业务的准入和退出机制*	制定中外资统一的分支机构设立规则；业务准入方面的规则完全公开透明
区域平衡发展战略	对外资保险公司区域战略的经验和教训进行总结分析，共享研究成果	试点放开中西部地区外资保险公司和中介公司分支机构的审批。鼓励试点*	逐步实现保险供给的区域平衡发展，提高中西部地区居民保险服务的可及性*
供给结构平衡发展战略	比较分析外资保险公司和外资中介公司的经营绩效，总结经营教训*	引入更多的外资保险中介机构，发展各种所有制和组织形式的专业中介机构*	逐步实现保险供给结构平衡发展，形成体系完整有效的专业化水平的保险产业链*
"走出去"战略	提升保险公司的海外风险管理能力，积聚人力与信息资源，充分了解国际市场，做好前期的战略研究工作*	培育具有"走出去"能力的保险公司，可选择以香港为桥头堡，使保险公司逐步适应国际保险市场环境*	总结"走出去"战略的经验教训，利用政府与市场资源，辅助几家一线保险公司实现"走出去"战略，锻造国际保险品牌*
金融业协同开放战略	研究银行、证券等金融部门开放的主要经验和问题，通过一行三会联席会议确定金融业协同开放战略线*	根据中国金融业总体的开放情况，调整中国保险业的开放步伐，使金融业综合经营和对外开放相互促进*	总结保险业与金融业其他部门协同开放的经验和教训，形成金融业整体开放的配合机制，共同维护金融安全和社会稳定*

图5-1 未来十年中国保险业对外开放路线

注：*表示为本阶段的战略重点。

外资保险在发达城市和沿海地区的过度集中既不利于外资保险公司的发展，也加重了中国保险业区域布局的不平衡性。在保险业的未来发展中，这种局面将逐步改观，而保险监管部门的政策引导将借助诱致性制度变迁加速这一进程。在未来十年中国保险业进一步开放的战略实施期的第一阶段，保险业应对各个外资保险公司的区域战略的经验和教训进行分析总结，探索外资保险公司在不发达地区拓展业务的经验，并在全行业的范围内共享研究成果。

在供给结构平衡发展战略方面，保险监管部门及其分支机构有必要比较分析外资保险公司和外资中介公司的经营绩效，总结外资保险中介公司发展过程中的经验和教训，通过政策引导，逐步增加外资保险经纪公司、保险公估公司和保险代理公司的数量。使外资保险公司和中介公司的布局趋向平衡。

在"走出去"战略方面，中国保险业应全面提升保险公司的海外风险管理能力，保险监管部门和重点保险公司应进一步积聚相关的人力资源与信息资源，充分了解国际市场，做好前期的战略研究工作。

在与金融业其他部门特别是银行证券业的协同开放战略方面，保险业有必要系统深入地研究我国银行业、证券业等其他金融部门的开放进程及其主要经验和问题，寻找到保险业与银行证券业协同对外开放的节点，并通过"一行三会"的联席会议制度确定金融业协同开放的战略路线。

■■■（二）第二阶段：2014～2017年

2014～2017年，将是中国保险业对外开放的另一个关键时期。在这个阶段，美国经济经过金融危机的洗礼后将从景气循环周期的谷底逐渐恢复过来，欧洲的债务危机也将缓和，日本经济借助灾后重建也将有望重回升势。世界金融体系的重构将有利于发达国家的经济发展，而新兴经济体快速增长中所累积的矛盾将构成经济发展的障碍，进一步的改革开放将是跨越这些障碍的必由之路。

在此阶段，在系统深入调查研究的基础上，中国保险业的改革开放将会迈出一些具有实质性意义的步伐。

首先，在系统调查研究的基础上，在合资寿险公司股权比例限制方面，考虑选择几家试点公司，尝试逐步放开合资寿险公司的股权比例限制，比如从50%—50%的股权比例限制逐渐放宽至70%。

其次，在外资保险公司分支机构的设立方面，可以重点选择试点地区，将审批权下放至保监局。此外，逐步建立规范透明的交强险等法定保险业务的准入和退出机制。

在未来十年中国保险业进一步开放的战略实施期的第二阶段，着力实现外资保险机构在中国大陆的平衡布局，应是一个战略重点。在此阶段，要消除各公司间和地区之间的信息壁垒，使中西部地区外资保险公司的成功经验得以在全行业内共享，同时，放开中西部地区外资保险公司和中介公司分支机构的审批，通过金融、保险、证券等监管部门、财政部门和地方政府的政策引导，使中西部地区外资保险机构的数量得以增加，质量得以提升。此外，还需要通过案例展示，加强外资保险分支机构和总部的沟通，逐步改变外资保险的管理层在中国大陆分支机构区域布局决策上过于保守的态度。

在供给结构平衡发展战略方面，应着力引入更多的外资保险中介机构，发展各种所有制形式和组织形式的专业中介机构。同时，协调好保险公司和中介公司之间的关系，中介公司中保险经纪公司、代理公司和公估公司的比例关系和业务关系，依靠市场之手配置资源，利用诱致性的制度变迁为最终实现外资保险供给结构的平衡奠定基础。

这一阶段的重点还有国际化保险公司的培育，中国保险业应借助实体经济在海外拓展的机会或通过保险公司资本运作向海外拓展业务，重点培育几家具有"走出去"能力的保险公司，可选择以香港为桥头堡，使保险公司逐步适应国际保险市场环境，争取向国际市场迈出可收放自如的"一小步"。

最后，在这一阶段，还应根据中国金融业总体的开放情况，调整中国保险业的开放步伐，与总体的改革开放进程保持一致。金融综合经营是国际国内金融业发展的一个潮流[①]，而最近两年这一趋势则更加明显，自中国农业银行参股嘉禾人寿，五大国有资本控股的商业银行全部以股权合作的形式涉入了保险业务。平安控股深发展之后，已形成了金融综合经营全牌照的格局。金融控股集团的成长，为中国金融改革开放注入了新的动力，也使风险更加集中，为控制风险、实现金融业对外开放的全面风险管理，整个金融业的协同开放显得更加重要，可以说，金融业协同开放已经成为中国保险业对外开放的必然选择。

■■■ （三）第三阶段：2018～2020 年

2018～2020 年，应是中国保险业收获进一步改革开放成果并继往开来，继续融入国际保险市场的时期，在这一阶段，中国保险业将充分总结改革开放的经验和教训，从而实现中国保险市场的健康有序和谐发展。

首先，总结试点的经验和教训，在时机成熟的情况下，可考虑将合资寿险公

---

① 孙祁祥、郑伟等著：《金融综合经营背景下的中国保险业发展——制度演进、模式比较与战略选择》，经济科学出版社 2008 年版。

司的股权比例限制完全放开。

其次，在总结试点经验和教训的基础上，制定规范透明的中外资保险公司统一适用的分支机构设立规则，实现保险业法治化的跨越式发展。

这一阶段应该是外资保险机构区域发展平衡战略的收获期，前两个阶段的战略实施为本阶段的区域发展平衡战略打下了良好的基础。在合资寿险公司的股权和法定保险业务的准入等问题已经基本解决的情况下，外资保险机构区域发展平衡战略将成为第三阶段的战略重点。在这个阶段，国家的西部开发战略和中部崛起战略将为外资保险机构在中西部地区的布局创造理想的条件，而外资保险公司内部的区域发展战略也将发生较大的转变，内外双重因素的综合作用，将使外资保险公司在中国大陆的区域布局渐趋合理。

与区域布局相似，在这一阶段，外资保险供给结构的平衡发展也将是外资保险发展战略的重点内容。经过第一个阶段的准备和第二个阶段的推动，在本阶段，在外资保险的供给体系中，一个体系完整有效、具有专业化水平的保险产业链将逐步成型。

这一阶段也将是中国保险公司走向国际市场、创造中国保险品牌的一个活跃期，中国保险业应全面总结保险公司"走出去"战略的经验和教训，利用政府与市场资源，重点辅助两到三家一线保险公司成功实现"走出去"战略，从而在另一个十年最终锻造出一批国际知名保险品牌。

在保险业与金融业其他部门协同开放方面，中国保险业应全面总结保险业与金融其他部门协同开放的经验和教训，形成金融业整体开放的相互配合机制，进退有据，协同作战，以金融业全面的风险管理维护国家金融安全和社会稳定。

结　　语

根据本书前面各章的分析结论，本章按照开放、共赢、与时俱进的思路，借鉴国际经验、结合中国国情，提出了中国保险业在2011～2020年进一步对外开放三个发展阶段中的六大战略：即股权结构战略、业务准入战略、外资保险区域平衡发展战略、外资保险供给结构平衡发展战略、"走出去"战略和金融业协同开放战略。保险业的对外开放是一个复杂而宏大的方程式，它需要学界、业界和监管部门各方以谨慎的态度、科学的思维和探索的精神来共同破译。我们在此进一家之言，提供一些可资参考的战略思路，为中国保险业适应国际环境和中国改革开放的大背景而实施的进一步开放提供决策依据。

本章参考文献

1. ［美］乔治斯·迪翁、斯科特·哈林顿主编，王国军等译：《保险经济学》，中国人民大学出版社 2005 年版。

2. ［美］斯科特·哈林顿等著，陈秉正、王珺、周伏平等译：《风险管理与保险》，清华大学出版社 2001 年版。

3. 李克穆、李开斌著：《个人保险产品创新研究》，中国金融出版社 2005 年版。

4. 孙祁祥、郑伟等：《经济社会发展视角下的中国保险业——评价、问题与前景》，经济科学出版社 2007 年版。

5. 孙祁祥、郑伟等：《金融综合经营背景下的中国保险业发展——制度演进、模式比较与战略选择》，经济科学出版社 2008 年版。

6. 孙祁祥、郑伟等：《保险制度与市场经济——历史、理论与实证考察》，经济科学出版社 2009 年版。

7. 孙祁祥等：《中国保险市场热点问题评析》（有关各年），北京大学出版社 2004～2011 年各年版。

8. 孙祁祥等著：《中国保险业：矛盾、挑战与对策》，中国金融出版社 2001 年版。

9. 庹国柱主编：《保险学》，首都经济贸易大学出版社 2003 年版。

10. 王国军编著：《保险经济学》，北京大学出版社 2006 年版。

11. 魏华林、李开斌著：《中国保险产业政策研究》，中国金融出版社 2002 年版。

12. 袁敏：《保险业"走出去"大有可为》，载《上海金融报》2010 年 10 月 29 日。

13. Murray, M. L., 1976, "The Theory and Practice of Innovation in the Private Insurance Industry", *Journal of Risk and Insurance*, 43, 653 – 671.

14. Thomas, C. Buchmueller and Agnes Couffinhal, 2004, Private Health Insurance in France. *OECD Health Report*.

图书在版编目（CIP）数据

入世十年与中国保险业对外开放——理论、评价与
政策选择／孙祁祥　郑伟等著．—北京：经济科学
出版社，2011.12
（北大赛瑟—英杰华保险研究系列丛书）
ISBN 978 - 7 - 5141 - 1291 - 7

Ⅰ.①入…　Ⅱ.①孙…　Ⅲ.①保险业 - 经济发展 - 研
究 - 中国　Ⅳ.①F842

中国版本图书馆 CIP 数据核字（2011）第 239449 号

责任编辑：齐伟娜
责任校对：郑淑艳
版式设计：代小卫
技术编辑：李　鹏

入世十年与中国保险业对外开放
——理论、评价与政策选择
孙祁祥　郑　伟　等著
经济科学出版社出版、发行　新华书店经销
社址：北京市海淀区阜成路甲 28 号　邮编：100142
总编部电话：88191217　发行部电话：88191540
网址：www.esp.com.cn
电子邮件：esp@ esp.com.cn
北京中科印刷有限公司印装
710 × 1000　16 开　10.75 印张　210000 字
2011 年 12 月第 1 版　2011 年 12 月第 1 次印刷
ISBN 978 - 7 - 5141 - 1291 - 7　定价：28.00 元